ケース別

債権法 新・旧規定 適用判断のポイント

編集　愛知県弁護士会 研修センター運営委員会
　　　法律研究部 改正債権法・新旧適用検討チーム

新日本法規

発刊にあたって

　民法典は、1898（明治31）年7月に施行されてから、家族法について
は現行憲法の施行に伴い全面改正がなされましたが、財産法について
は120年以上もの長い間大きな改正がなされることなくきていました。
この間、判例が事案に応じて条文の隙間を埋める解釈を展開してきま
したが、流石に変動の激しい今日の社会情勢に対応することが困難に
なったため、債権法を中心に大幅な改正がなされました。この改正は、
債権法を中心に200項目に及ぶもので、実務にも大きな影響を与える
ものになっています。

　ところで、今回の改正点について、改正前後のどちらの法律が適用
されるかについては、改正附則に経過措置が定められておりますが、
実際の法律の適用に際しては、その判断に迷う場面が生じることが予
想されます。そこで、新法の施行日をまたぐ法律関係について、新法
が適用されるのか、旧法が適用されるのかについて具体的なケースで
示し、図表を用いてわかりやすく解説し、企業法務関係者の皆様はも
とより、弁護士、税理士等専門家の利便にも供することのできる書籍
を検討いたしました。

　愛知県弁護士会には、専門的な分野について研究し、当会の会員及
び市民の皆様にその研究の成果を還元することを専らの目的として設
立された法律研究部があり、活発に活動しています。本書は、法律研
究部の中の改正債権法・新旧適用検討チームの熱意によって発刊に至
ったものです。

　最後になりましたが、本書の発刊にお力添えをいただいた新日本法
規出版株式会社に対し心より感謝を申し上げるとともに、本書を多く
の方に活用していただき、業務のお役に立つことを願っております。

　2019年11月吉日

愛知県弁護士会会長　鈴木典行

は　し　が　き

　本書は、企業の法務担当者や弁護士等の法律実務家を対象に、民法の一部を改正する法律の施行日（2020年4月1日）をまたぐ法律関係について、新法が適用されるのか、旧法が適用されるのかについて検討し、その判断根拠を解説するものです。

　実務においては、施行日をまたぐ様々な法律関係が生じます。新法、旧法いずれが適用されるのかは、改正法附則に経過措置が定められていますが、その基準は法律関係ごとに異なり、判断に迷う場面が生じます。そこで、具体的なケースを取り上げ、適用すべき法について図表を用いて分かりやすい解説を試みたのが本書です。また、弁護士の実務経験を踏まえ、準備しておくべき事柄や留意点を「実務の目」として記載しました。

　新法施行を間近に控え、研究書、実務書が数多く出版されていますが、経過措置に焦点を当て、具体的なケースに沿って解説を加えた書籍は多くないものと自負しております。

　最後になりましたが、本書の発刊に当たり、辛抱強く本書の編集作業を進めてくださった新日本法規出版株式会社の野田竜之氏及び皿池史明氏にこの場を借りて深く感謝申し上げます。

　2019年11月吉日

執筆者一同

執筆者一覧 （五十音順）

伊藤　聡史 （弁護士）

植木　祐矢 （弁護士）

内田健一郎 （弁護士）

大口　悠輔 （弁護士）

尾崎　敦　 （弁護士）

片岡　憲明 （弁護士）

加藤　由理 （弁護士）

坂口斗志也 （弁護士）

竹内　裕美 （弁護士）

都築　真琴 （弁護士）

西垣　誠　 （弁護士）

野中　光夫 （弁護士）

早川　尚志 （弁護士）

平林　拓也 （弁護士）

堀内　綾乃 （高知地方裁判所判事補）
※執筆時、石原総合法律事務所に出向

水野　紀孝 （弁護士）

凡　　例

＜本書の内容＞

　本書は、平成29年法律第44号による民法（債権法）改正前から存する法律関係について、施行後における「新法」「旧法」の適用の判断を解説したものです。

　具体的なケースを掲げた上で、「回答」欄に「新法」「旧法（※）」のいずれが適用されるかを明示し、「解説」欄でわかりやすく述べています。

　また、「実務の目」欄で実務上の留意点を掲げています。

（※）　旧法下の判例法理が適用される場合（旧法に明文規定なし）も、「旧法」適用と表示しています。

＜法令等の表記＞

　根拠となる法令等の略記例及び略語は次のとおりです（〔　〕は本文中の略語を示します。）。

　　平成29年法律第44号による改正後の民法第542条1項3号
　　　＝新法542①三

法	民法	旧商〔旧商法〕	平成29年法律第45号による改正前の商法
改正法〔改正法〕	民法の一部を改正する法律(平成29年法律第44号)	破産	破産法
新法〔新法〕	平成29年法律第44号による改正後の民法	〔中間試案〕	民法（債権関係）の改正に関する中間試案
旧法〔旧法〕	平成29年法律第44号による改正前の民法	部会資料	法制審議会民法（債権関係）部会資料
借地借家	借地借家法		

＜判例の表記＞

　根拠となる判例の略記例及び出典の略称は次のとおりです。

　最高裁判所平成24年5月28日判決、最高裁判所民事判例集66巻77号
　3123頁＝最判平24・5・28民集66・77・3123

判時	判例時報	民集	最高裁判所（大審院）民
判タ	判例タイムズ		事判例集
金法	金融法務事情	民録	大審院民事判決録

目　　次

第1章　総　則

第1節　法律行為

第1　意思表示

ケース1　錯誤の効力　　　　　　　　　　　　　　　ページ

施行日前に締結した契約について、施行日後に錯
誤を主張する場合の効果‥‥‥‥‥‥‥‥‥‥‥‥‥‥‥3

ケース2　詐欺取消しと第三者

施行日前に締結した契約について、施行日後に詐
欺を主張する場合の新旧適用関係‥‥‥‥‥‥‥‥‥‥7

ケース3　意思表示の到達と契約の成立

承諾の意思表示の発信と意思能力の喪失‥‥‥‥‥‥‥10

第2　代　理

ケース4　代理人の行為能力

法定代理人が制限行為能力者の場合の法律行為の
取消し‥‥‥‥‥‥‥‥‥‥‥‥‥‥‥‥‥‥‥‥‥‥14

ケース5　復代理人を選任した代理人の責任

施行日後に復代理人を選任した場合の施行日前に
選任された代理人の責任‥‥‥‥‥‥‥‥‥‥‥‥‥‥19

第2節　消滅時効

ケース6　消滅時効①

施行日後に支出した必要費の償還請求と消滅時効
の期間‥‥‥‥‥‥‥‥‥‥‥‥‥‥‥‥‥‥‥‥ 23

ケース7　消滅時効②

協議を行う旨の合意による時効の完成猶予‥‥‥‥‥‥ 27

ケース8　消滅時効③

生命身体に関する不法行為請求権の時効‥‥‥‥‥‥‥ 31

第2章　債権総則

第1節　法定利率

ケース9　法定利率①

施行日前に締結した契約に、履行時期及び遅延損
害金の定めがない場合の法定利率‥‥‥‥‥‥‥‥‥ 39

ケース10　法定利率②

施行日前に発生した交通事故に基づく損害賠償請
求権と中間利息控除‥‥‥‥‥‥‥‥‥‥‥‥‥‥‥ 45

第2節　債務不履行の責任

ケース11　明確な履行拒絶意思と填補賠償

施行日前に締結された契約について、施行日後に
相手方が履行拒絶意思を明確に表示した場合‥‥‥‥ 49

目　　次　　3

| ケース12 | 債務不履行責任の免責事由 |

施行日前に締結した契約に関し、施行日後に債務
不履行が発生した場合の免責事由……………………………55

| ケース13 | 損害賠償の範囲と予見可能性 |

施行日前に締結した契約に関し、施行日後に債務
不履行が発生した場合の損害賠償請求の範囲……………60

| ケース14 | 代償請求権 |

施行日前に契約を締結し、施行日後に目的物が滅
失した場合の代償請求権…………………………………65

第3節　債権者代位権・詐害行為取消権

第1　債権者代位権

| ケース15 | 債権者代位訴訟における訴訟告知 |

施行日前に発生した被保全債権による債権者代位
訴訟提起時の債務者に対する訴訟告知の要否……………70

第2　詐害行為取消権

| ケース16 | 詐害行為取消権の被保全債権 |

施行日前の原因により発生した被保全債権による
詐害行為取消の可否………………………………………74

| ケース17 | 相当対価売買の詐害行為取消 |

施行日前の相当対価での不動産売買を、施行日後
に登記した場合の詐害行為取消の可否……………………78

| ケース18 | 偏頗弁済の詐害行為取消 |

施行日前の被保全債務による偏頗弁済の詐害行為
取消の可否…………………………………………………83

ケース19	詐害行為取消の効力

施行日後の転得者に対する詐害行為取消の効力············ 87

第4節　多数当事者の債権債務

ケース20	連帯保証人に対する請求

連帯保証人に対する請求と主債務者に対する債権
の消滅時効·· 92

ケース21	共同不法行為者の免除と求償関係

施行日前に発生した交通事故の共同不法行為者に
ついて、施行日後に被害者が共同不法行為者の一
人と和解をした場合の求償関係····························· 96

第5節　保証債務

ケース22	保証意思宣明公正証書の作成

施行日後に締結する事業のための個人保証につい
て、施行日前に保証人が保証意思を宣明する公正
証書を作成する方法··· 102

ケース23	継続的売買契約の根保証

継続的売買契約における代金債務の根保証と取引
基本契約書の取扱い··· 108

ケース24	身元引受の効力

施行日前に身元引受書を提出させ、施行日後に本
採用された身元引受の効力·································· 113

第6節　債権譲渡・債務引受

第1　債権譲渡

ケース25　譲渡制限特約違反の債権譲渡の効力

施行日前に発生した譲渡制限特約付債権の施行日
後の譲渡の効力 ································· 117

ケース26　譲渡禁止特約違反の債権の悪意の譲受人への譲
渡（二重譲渡）

譲渡禁止特約付債権の施行日前後における悪意・
重過失の者への二重譲渡の効力 ··············· 122

ケース27　譲渡禁止特約違反の債権の悪意の譲受人への譲
渡（次々譲渡）

譲渡禁止特約付債権の施行日前後における悪意・
重過失の者への次々譲渡の効力 ··············· 126

ケース28　将来債権の譲受人に対する譲渡制限合意の対抗

施行日前に債権譲渡及び債権譲渡登記がなされた
将来債権に対して施行日後に譲渡制限合意をし、
その後、債務者に対し債権譲渡通知がなされた場
合の譲渡制限合意の対抗の可否 ··············· 129

第2　債務引受

ケース29　免責的債務引受における引受人の求償権

施行日前に債務者と引受人とで契約締結し、施行
日後に債権者が承諾した免責的債務引受における
引受人の求償権 ····························· 134

第7節 債権の消滅

第1 弁 済

ケース30 第三者の弁済〔施行日後の弁済〕

施行日前に生じた債務を施行日後に第三者が弁済
したところ、その弁済が債務者の意思に反するこ
とを債権者が知らなかった場合の第三者の弁済の
効力………………………………………………138

ケース31 弁済の充当〔施行日後の弁済〕

施行日前に生じた債務と施行日後に生じた債務を
負担する場合に、施行日後に弁済をした者の給付
がその債務の全部を消滅させるのに足りないとき
の弁済の充当……………………………………143

ケース32 担保保存義務の例外

施行日前に生じた債務につき、施行日後に担保を
放棄した場合の免責の是非……………………148

第2 相 殺

ケース33 不法行為債権と相殺禁止

施行日前に生じた不法行為債権を受働債権とする
相殺の可否………………………………………152

ケース34 差押えと相殺

差押え前の原因に基づいて生じた債権を自働債権
とする相殺の可否………………………………156

第3章 契 約

第1節 契約総則

第1 契約の効力

ケース35 承諾の延着と契約の成立

隔地者間の契約につき、承諾が延着した場合の契約成立の適否······163

ケース36 危険負担

施行日前に締結された契約について、施行日後に、当事者双方に帰責事由なく履行不能となった場合の契約の処理······168

ケース37 契約上の地位の移転

施行日前に締結した売買契約についての施行日後の契約上の地位の移転······173

第2 契約の解除

ケース38 催告解除と軽微性の抗弁

施行日前に締結された契約について、施行日後に債務者が債務不履行に陥り、債権者が催告及び解除の意思表示をした場合······176

ケース39 無催告解除

施行日前に締結された取引基本契約に基づき、施行日前又は施行日後に締結された個別契約について、相手方が、施行日後に履行拒絶意思を明確に表示した場合······180

| ケース40 | 債務不履行に基づく無催告解除 |

施行日前に締結した契約に関し、施行日後に契約目的の達成不可能の事由が発生した場合の無催告解除の可否……………………………………………… 185

第2節　定型約款

| ケース41 | 定型約款の合意の効力 |

施行日前に締結された定型取引に係る契約の、施行日後の効力…………………………………………… 190

| ケース42 | 定型約款の内容の表示と変更 |

施行日前に締結された定型約款に基づく契約の、施行日後における新法（内容の表示や変更に関する規定）適用の可否………………………………… 195

第4章　契約各論

第1節　売　買

| ケース43 | 売買契約において瑕疵ないし契約不適合があった場合の解除 |

施行日前に締結された売買契約において施行日後に目的物に瑕疵ないし契約不適合が発見された場合における契約解除の可否……………………………… 203

| ケース44 | 特定物売買における危険の移転時期 |

特定物売買の契約締結後、引渡し前又は引渡し後に目的物が滅失した場合の代金請求の可否…………… 207

目　次　　9

| ケース45 | 買主の追完請求権 |

売買契約の目的物に瑕疵ないし契約不適合があった場合における、買主の追完請求の可否………………212

| ケース46 | 買主の権利行使期間 |

売買契約の目的物に瑕疵ないし契約不適合があった場合における、買主の売主に対する権利行使期間……………………………………………………217

第2節　賃貸借

| ケース47 | 貸主の損害賠償請求権についての消滅時効 |

施行日前に締結された賃貸借契約につき、施行日後に用法違反による損傷が生じた場合の貸主の損害賠償請求権の消滅時効………………………………223

| ケース48 | 賃借物の一部滅失による賃料の減額 |

施行日前に締結された賃貸借契約につき、施行日後に賃借物が一部滅失した場合の賃料減額請求権…………227

| ケース49 | 賃貸借契約の更新 |

施行日前に締結された賃貸借契約が施行日後に更新された場合の新法適用の有無……………………………231

| ケース50 | 賃貸借契約に付随する保証契約 |

施行日前に締結された賃貸借契約が更新された場合の、賃貸借契約に付随する保証契約に対する新法適用の有無………………………………………………236

| ケース51 | 賃借人による修繕費の償還請求の可否 |

施行日前からの賃借人によって施行日後に行われた修繕の費用償還請求の可否…………………………………241

第3節 消費貸借

ケース52　消費貸借の目的物の期限前返還

施行日前の借入金を施行日後に弁済した場合の新
法適用の有無……………………………………………………… 245

ケース53　諾成的消費貸借の解除と借主の損害賠償義務

施行日前に締結された諾成的消費貸借契約につき、
施行日後に融資が実行される前に解除した場合の
損害賠償義務の有無……………………………………………… 250

第4節 使用貸借

ケース54　諾成的使用貸借の解除

施行日前に締結された諾成的使用貸借契約につき、
施行日後に解除された場合の目的物引渡請求の可
否…………………………………………………………………… 254

第5節 請　負

ケース55　請負人の責任①

施行日前に請負契約を締結し、施行日後に引き渡
した目的物について、不具合があることが判明し
た場合の請負人の責任…………………………………………… 258

ケース56　請負人の責任②

施行日前に請負契約を締結し、施行日後に追加・変
更工事契約を締結した場合の請負人の責任…………………… 263

目　次　　　11

第6節　委　任

ケース57　受任者の報酬請求

委任契約が自動更新された場合の新法と旧法の適
用関係、受任者に帰責事由があった場合の報酬請
求権……………………………………………………268

第7節　雇　用

ケース58　雇用契約の更新

施行日前に締結した期間の定めのある雇用契約が、
施行日後に更新された場合について、更新後の雇
用契約に適用される法律………………………………273

ケース59　期間の定めのない雇用契約と消滅時効の起算点

施行日前に締結された期間の定めのない雇用契約
について、施行日後に生じた安全配慮義務違反に
よる損害賠償請求権の消滅時効………………………277

第1章　総　則

2

第1節　法律行為
第1　意思表示

ケース1　錯誤の効力

施行日前に締結した契約について、施行日後に錯誤を主張する場合の効果

　私は、2015年3月、友人Xから安土桃山時代の作品であると言われて抹茶茶碗を買いましたが、購入後に鑑定をした結果、2015年4月1日に平成になってから作られたものであることが判明しました。なお、現在は2020年4月10日です。私は、売買契約の無効を主張し、代金を返還してもらえるでしょうか。旧法が適用されるでしょうか、あるいは新法が適用されるでしょうか。

回答　「旧法」が適用されます。

　改正法附則6条1項において、施行日前にされた意思表示については、新法95条の規定にかかわらず、なお従前の例によるとし、旧法が適用されるとしています。

第1章　総　則

【　解　　説　】

1　旧法の規定内容

　意思表示は、法律行為の要素に錯誤があった場合は「無効」とされています（旧法95）。

2　新法の規定内容と旧法との違い

　新法95条では、錯誤の効果を「取り消すことができる」と定められました。したがって、追認をすることができる時から取消権は5年で消滅することになります（法126。なお、新法では改正の対象となっていません。）。本ケースでは、追認をすることができる時は、鑑定結果が判明した時である2015年4月1日ですが、新法が適用されるとなると、取消権は時効により消滅してしまったということになります（なお、本ケースは動機の錯誤が成立することを前提に検討しました。新法は動機の錯誤についての規定を新設しています。）。

3　新・旧の適用判断

　以上のとおり、旧法と新法では、「無効」と「取消し」という点で効果が異なります。そのため新法では時効の問題が出てくるため、新・旧の適用判断は重要です。

　改正法附則6条1項では、施行日前にされた意思表示については、なお従前の例によるとし、施行日前後で旧法・新法の適用を分けています。

　本ケースは新法施行日前に売買契約（意思表示）がされているので、旧法が適用され、錯誤の効果は「無効」（旧法95）となり、期間制限なく無効を主張することができます。

第1章　総　則　　　5

┌─── 実務の目 ───┐

　本ケースのような場合は、錯誤以外にも詐欺（新法96・旧法96）が
成立する可能性もあります。旧法では、無効行為を取り消すこと
ができないとする立場もありましたが、通説は錯誤と詐欺のいず
れをも選択できると考えられていました。新法では、錯誤及び詐
欺いずれも効果が取消しとされたため、いずれを選択するかで効
果に違いはなくなったため、どちらの要件が主張しやすいかの判
断になると考えられます。

　また、錯誤の場合に、善意の第三者が保護されるか否か旧法96
条3項の類推適用の可否という論点がありました。新法において
は、新法95条4項に善意無過失の第三者には対抗できないとされ、
詐欺について定めた新法96条3項と同様の規定が置かれています
ので、新法が適用される場合には、上記の問題は解消されること
となります。

【関連条文】

旧　法

（錯誤）
第95条　意思表示は、法律行為の要素に錯誤があったときは、無効とする。
　ただし、表意者に重大な過失があったときは、表意者は、自らその無効を
　主張することができない。

新　法

（錯誤）
第95条　意思表示は、次に掲げる錯誤に基づくものであって、その錯誤が
　法律行為の目的及び取引上の社会通念に照らして重要なものであるとき
　は、取り消すことができる。

第1章 総 則

一 意思表示に対応する意思を欠く錯誤
二 表意者が法律行為の基礎とした事情についてのその認識が真実に反する錯誤
2 前項第2号の規定による意思表示の取消しは、その事情が法律行為の基礎とされていることが表示されていたときに限り、することができる。
3 錯誤が表意者の重大な過失によるものであった場合には、次に掲げる場合を除き、第1項の規定による意思表示の取消しをすることができない。
一 相手方が表意者に錯誤があることを知り、又は重大な過失によって知らなかったとき。
二 相手方が表意者と同一の錯誤に陥っていたとき。
4 第1項の規定による意思表示の取消しは、善意でかつ過失がない第三者に対抗することができない。

　改正法附則

（意思表示に関する経過措置）
第6条 施行日前にされた意思表示については、新法第93条、第95条、第96条第2項及び第3項並びに第98条の2の規定にかかわらず、なお従前の例による。
2 〔省略〕

ケース2　詐欺取消しと第三者

施行日前に締結した契約について、施行日後に詐欺を主張する場合の新旧適用関係

　私は、2020年3月15日、Aの詐欺行為により、所有していた土地（時価1億円）を1,000万円でAに売却してしまいました。

　Aは、すぐに当該土地をBに転売しましたが、BはAの詐欺を知りませんでした。

　もっとも、Bは私がかなり低額で売却してしまったことを知っていたようです（過失があったと考えられます。）。私は、2020年4月1日にAとの間の売買契約を取り消しましたが、この効果をBに対抗できるのでしょうか。本ケースのような施行日（2020年4月1日）前に締結された契約の詐欺取消しについては、旧法が適用されるでしょうか、あるいは新法が適用されるでしょうか。

回答　「旧法」が適用されます。

　改正法附則6条1項において、施行日前にされた意思表示については、なお従前の例によるとし、旧法が適用されるとしています。

　したがって、施行日前に締結された契約にかかる意思表示は旧法が適用されることになります。

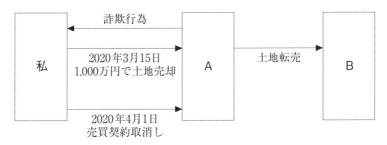

第1章　総　則

解　説

1　旧法の規定内容

旧法では、詐欺による意思表示の取消しは、善意の第三者に対抗することができないと規定されていました（旧法96③）。この点、第三者に保護に値する信頼が必要であるとして、当該第三者に「無過失」まで要求するか否か学説が分かれていました。

2　新法の規定内容と旧法との違い

第三者が保護されるための要件として、旧法では上記のとおり、無過失の要否について解釈が分かれていましたが、新法では「無過失」が必要であることが明記されました（新法96③）。

3　新・旧の適用判断

以上のとおり、旧法・新法いずれが適用されるかにより、条文上は、「無過失」の要否に影響があります。改正法附則6条1項では、施行日前にされた意思表示については、なお従前の例によるとされていますので、意思表示が施行日前後のいつなされたかで新・旧の適用が決定されることになります。

本ケースでは、施行日前に売買契約がされているので、改正法附則6条1項により旧法が適用されます。もっとも、詐欺を知らなかったことにつきBに過失があっても、旧法下における解釈論により保護される余地があります。

実務の目

新法では「無過失」が要求されることが条文上明確に規定されましたので、実務上は、過失の有無について旧法下以上に主張立証が活発化されることが予想されます。取引の経緯及びやりとり

第 1 章 総 則 9

等の状況について旧法下以上に詳細に聴き取り、当事者には記録
化及び資料を保管する等のアドバイスをすることが必要になって
くると考えられます。

【関連条文】
旧　法
（詐欺又は強迫）
第96条　詐欺又は強迫による意思表示は、取り消すことができる。
2　相手方に対する意思表示について第三者が詐欺を行った場合において
　は、相手方がその事実を知っていたときに限り、その意思表示を取り消
　すことができる。
3　前2項の規定による詐欺による意思表示の取消しは、善意の第三者に対
　抗することができない。

新　法
（詐欺又は強迫）
第96条　詐欺又は強迫による意思表示は、取り消すことができる。
2　相手方に対する意思表示について第三者が詐欺を行った場合において
　は、相手方がその事実を知り、又は知ることができたときに限り、その意
　思表示を取り消すことができる。
3　前2項の規定による詐欺による意思表示の取消しは、善意でかつ過失が
　ない第三者に対抗することができない。

改正法附則
（意思表示に関する経過措置）
第6条　施行日前にされた意思表示については、新法第93条、第95条、第96
　条第2項及び第3項並びに第98条の2の規定にかかわらず、なお従前の例に
　よる。
2　〔省略〕

ケース3　意思表示の到達と契約の成立
承諾の意思表示の発信と意思能力の喪失

　私の友人Aは、Bに対し、コレクションしていた昆虫図鑑を売ることにしたそうです。Aは、Bに対し、2020年3月30日に売却を申し込みました。Bは、Aに対し、2020年4月1日に承諾の通知を郵便で発送したそうですが、Aに承諾の通知は届きませんでした（承諾の通知を発送していたというのはBの家族から聞いたそうです。）。そして、驚いたことに、Bは、2020年4月2日に交通事故に遭ってすぐに昏睡状態に陥り、そのまま意思能力を欠く状態になってしまったようです。
　Aは、Bとの間の売買契約は有効に成立しているのか気になっているようです。旧法と新法のいずれが適用されるでしょうか。

> **回答**　「旧法」が適用されます。

　改正法附則29条1項において、施行日前に契約の申込みがされた場合における承諾については、なお従前の例によるとし、旧法が適用されるとしています。

第1章　総　則　　　11

解　説

1　旧法の規定内容

　旧法では、526条1項において、隔地者間の契約につき、承諾の通知を発した時に契約は成立すると規定し（発信主義）、意思表示が相手方に到達した時に効力を生ずるものとしていた到達主義（旧法97①）の例外を定めたものと考えられていました。そのため、承諾の発信者が、発信後に意思能力を喪失した場合でも、旧法526条1項に基づき、承諾の意思表示の効力に影響を与えることはないとされています。

　本ケースで旧法が適用された場合は、Bは承諾の通知が発せられた2020年4月1日には意思能力を欠いていなかったので、Bの承諾の意思表示は効力を有し、ＡＢ間の売買契約は有効に成立することになります。

2　新法の規定内容と旧法との違い

　新法では、発信主義を定めた旧法526条1項の規定は削除され、隔地者間の承諾の意思表示についても、相手方に到達した時点で効力が生じるものと理解されます（新法97①）。したがって、本ケースで新法が適用された場合は、Bの承諾の意思表示はAに到達していないので、ＡＢ間の契約は成立しないことになります。

　また、本ケースでは、Bの承諾の通知がAに到達していませんが、仮に2020年4月3日にAに承諾の通知が到達していた場合はどうでしょう。この点、発信と到達の間の意思能力の喪失が意思表示の効力に与える影響が問題となります。これについて、新法97条3項では、意思表示は、表意者が通知を発した後に、意思能力を喪失したときであっても、そのために効力を妨げられないとされました。したがって、本ケースで仮に承諾の通知が到達していた場合では、承諾を発信した時点

でBが意思能力を有していた以上、新法によってもBの承諾の意思表示の効力は妨げられず、売買契約は有効に成立することになります。

3　新・旧の適用判断

　旧法・新法のいずれが適用されるかによって、契約の成立の有無に影響する場合があるため、新・旧の適用判断は重要です。仮に契約の成立の有無に影響を与えない場合であっても、結論を導く具体的法適用、考え方に違いが生じます。その意味で、新・旧の適用判断を軽視することはできません。

　この点、改正法附則29条1項において、施行日前に契約の申込みがされた場合における承諾については、なお従前の例によるとされていますので、施行日前に契約の申込みがされた場合は、旧法が適用されます。

　本ケースでは、施行日前である2020年3月30日に契約の申込みがされているので、旧法が適用され、売買契約は有効に成立することになります。

実務の目

　以上のとおり、申込み時点を基準に新・旧適用判断がされることになります。

　実務では、本ケースのように交通事故等で突然意思能力を欠く場合のほか、病気等により徐々に意思能力を欠いていくという場合も考えられます。そのような場合にはそもそも意思能力の有無の点が争いになることが多いでしょう。

第1章 総 則　　13

【関連条文】

旧　法

（隔地者に対する意思表示）

第97条　隔地者に対する意思表示は、その通知が相手方に到達した時から
　その効力を生ずる。

2　隔地者に対する意思表示は、表意者が通知を発した後に死亡し、又は
　行為能力を喪失したときであっても、そのためにその効力を妨げられな
　い。

（隔地者間の契約の成立時期）

第526条　隔地者間の契約は、承諾の通知を発した時に成立する。

2　申込者の意思表示又は取引上の慣習により承諾の通知を必要としない
　場合には、契約は、承諾の意思表示と認めるべき事実があった時に成立
　する。

新　法

（意思表示の効力発生時期等）

第97条　意思表示は、その通知が相手方に到達した時からその効力を生ず
　る。

2　相手方が正当な理由なく意思表示の通知が到達することを妨げたとき
　は、その通知は、通常到達すべきであった時に到達したものとみなす。

3　意思表示は、表意者が通知を発した後に死亡し、意思能力を喪失し、又
　は行為能力の制限を受けたときであっても、そのためにその効力を妨げ
　られない。

改正法附則

（契約の成立に関する経過措置）

第29条　施行日前に契約の申込みがされた場合におけるその申込み及びこ
　れに対する承諾については、なお従前の例による。

2　施行日前に通知が発せられた契約の申込みについては、新法第526条の
　規定にかかわらず、なお従前の例による。

3　施行日前にされた懸賞広告については、新法第529条から第530条まで
　の規定にかかわらず、なお従前の例による。

第2 代 理

ケース4　代理人の行為能力
法定代理人が制限行為能力者の場合の法律行為の取消し

　未成年者Aの単独親権者Bが保佐開始の審判を受け、Bの保佐人として私が選任されています。Bは、私の同意を得ずに、2020年3月15日、Aの代理人として、Cに対して、A所有の土地を売却してしまいました。民法が改正されたと聞きましたが、私はAとCの間の売買契約を取り消すことができるでしょうか。旧法が適用されるでしょうか、あるいは新法が適用されるでしょうか。

回　答　「旧法」が適用されます。

　改正法附則3条において、施行日前に制限行為能力者が他の制限行為能力者の法定代理人としてした行為は、なお従前の例によるとし、旧法が適用されるとしています。

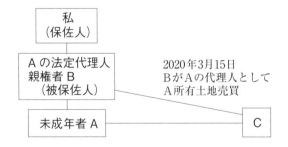

解　説

1　旧法の規定内容

　旧法102条により「代理人は、行為能力者であることを要しない」と

されていたため、代理人が制限行為能力者であることを理由としての契約の取消しは認められないと考えるのが通説でした。

しかし、制限行為能力者が他の制限行為能力者の法定代理人である場合においても取消しができないとすると、自ら代理人を選んだわけでもないのに本人の保護に欠けるという問題がありました。

2 新法の規定内容と旧法との違い

新法では、新法102条ただし書において、「制限行為能力者が他の制限行為能力者の法定代理人としてした行為については、この限りでない」とし、新法102条本文（制限行為能力者が代理人としてした行為は、行為能力の制限によって取り消すことができない）の適用を排除し、行為能力の制限の規定に従ってその行為を取り消すことができるとしています。

そして、新法13条1項10号が新設され、新法13条1項1号から9号に掲げる行為を被保佐人が制限行為能力者の法定代理人としてする場合、保佐人の同意を得なければならないと規定されました。なお、保佐人の同意を得ずにされた代理人の法律行為については、取消権が認められています（新法13④）。

また、新法120条1項において、制限行為能力者が他の制限行為能力者の法定代理人としてした行為について、「他の制限行為能力者」及びその承継人等も取り消すことができるとの規定が追加されました。

本ケースでは、新法が適用されるのであれば、Bの保佐人であるあなたが同意をしていないことを理由に、Bが未成年者Aのために行ったAC間の売買契約を取り消すことができます。

3 新・旧の適用判断

以上のとおり、旧法・新法の適用により、取消権が認められるか否

16 第1章 総 則

かが分かれるので、新・旧の適用判断は重要です。

　改正法附則3条においては、施行日前に制限行為能力者が他の制限行為能力者の法定代理人としてした行為は、なお従前の例によるとしていますので、施行日前後で新・旧の適用が分かれます。

　本ケースでは、施行日前にBがAの代理人としてCと売買契約を結んでいるので、旧法が適用されることになります。したがって、通説によると、質問者であるあなたは、ＡＣ間の売買契約を取り消すことができないと考えられます。

┌─────────── 実務の目 ───────────┐

　本ケースのように、未成年者の親権者が制限行為能力者となる場合は考えられますが、その他成年後見人等の場合は、家庭裁判所が制限行為能力者を成年後見人に選任することはまず考えられません。もっとも、選任された成年後見人が、選任後に制限行為能力者となった場合、辞任や解任が行われない場面で新法102条ただし書の適用が問題になることはあると考えられます。

└──────────────────────────┘

【関連条文】

旧 法

（代理人の行為能力）

第102条　代理人は、行為能力者であることを要しない。

新 法

（保佐人の同意を要する行為等）

第13条　被保佐人が次に掲げる行為をするには、その保佐人の同意を得なければならない。ただし、第9条ただし書に規定する行為については、この限りでない。

第1章　総　則　　17

一　元本を領収し、又は利用すること。

二　借財又は保証をすること。

三　不動産その他重要な財産に関する権利の得喪を目的とする行為をすること。

四　訴訟行為をすること。

五　贈与、和解又は仲裁合意（仲裁法（平成15年法律第138号）第2条第1項に規定する仲裁合意をいう。）をすること。

六　相続の承認若しくは放棄又は遺産の分割をすること。

七　贈与の申込みを拒絶し、遺贈を放棄し、負担付贈与の申込みを承諾し、又は負担付遺贈を承認すること。

八　新築、改築、増築又は大修繕をすること。

九　第602条に定める期間を超える賃貸借をすること。

十　前各号に掲げる行為を制限行為能力者（未成年者、成年被後見人、被保佐人及び第17条第1項の審判を受けた被補助人をいう。以下同じ。）の法定代理人としてすること。

2　家庭裁判所は、第11条本文に規定する者又は保佐人若しくは保佐監督人の請求により、被保佐人が前項各号に掲げる行為以外の行為をする場合であってもその保佐人の同意を得なければならない旨の審判をすることができる。ただし、第9条ただし書に規定する行為については、この限りでない。

3　保佐人の同意を得なければならない行為について、保佐人が被保佐人の利益を害するおそれがないにもかかわらず同意をしないときは、家庭裁判所は、被保佐人の請求により、保佐人の同意に代わる許可を与えることができる。

4　保佐人の同意を得なければならない行為であって、その同意又はこれに代わる許可を得ないでしたものは、取り消すことができる。

（代理人の行為能力）

第102条　制限行為能力者が代理人としてした行為は、行為能力の制限によっては取り消すことができない。ただし、制限行為能力者が他の制限行為能力者の法定代理人としてした行為については、この限りでない。

（取消権者）

第120条　行為能力の制限によって取り消すことができる行為は、制限行為

能力者（他の制限行為能力者の法定代理人としてした行為にあっては、当該他の制限行為能力者を含む。）又はその代理人、承継人若しくは同意をすることができる者に限り、取り消すことができる。

2 錯誤、詐欺又は強迫によって取り消すことができる行為は、瑕疵ある意思表示をした者又はその代理人若しくは承継人に限り、取り消すことができる。

| 改正法附則 |

（行為能力に関する経過措置）

第3条 施行日前に制限行為能力者（新法第13条第1項第10号に規定する制限行為能力者をいう。以下この条において同じ。）が他の制限行為能力者の法定代理人としてした行為については、同項及び新法第102条の規定にかかわらず、なお従前の例による。

第1章　総　則　　19

ケース5　復代理人を選任した代理人の責任

施行日後に復代理人を選任した場合の施行日前に選任された
代理人の責任

　私は、宝石を集めるのが趣味で、ついに欲しかった1カラットの
ダイヤモンドの指輪を購入しました。グレードも申し分なく、出
来上がってくるのが本当に楽しみでした。しかし、引渡日にどう
しても抜けられない用事が入ってしまい、私自らが引渡しを受け
に行くことができなくなりました。後日に延期してもよかったの
ですが、どうしても早く出来上がった指輪をはめたかったので、
2020年3月20日、友人であるAに対して、指輪の引取りを依頼し、
代理権を付与しました。もちろんAに対して御礼を払う約束で
す。しかし、Aは体調不良になったとのことで、2020年4月2日、
Aの友人であるBを復代理人に選任したいとの申出があり、私は
これを許可しました。ところが、同日、Bは、指輪の引渡しを受
けた後、その指輪が入った鞄を不注意でトイレに忘れてしまった
らしく、気付いてトイレに戻ったときにはもう鞄はなく、当然指
輪も見つかりませんでした。楽しみにしていた指輪が手に入ら
ず、とても残念で、そもそも引取りに行ってくれなかったAに対
しても許せない気持ちがあります。私はAに対して指輪の代金を
損害賠償請求できるのでしょうか。民法が改正されたと聞きまし
たが、それによって損害賠償請求できるか変わるでしょうか。旧
法、新法いずれが適用されるでしょうか。

> **回　答**　「旧法」が適用されます。

　改正法附則7条において、施行日前に代理権の発生原因が生じた場
合は、なお従前の例によるとし、旧法が適用されるとしています。

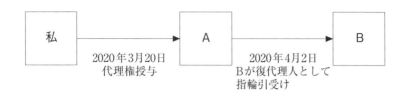

解　説

1　旧法の規定内容

　旧法105条1項は、復代理人を選任した場合、「その選任及び監督について」代理人は本人に対して責任を負うものとされていました。これは民法104条が、復代理人を選任できる場合として、本人の許諾を得たとき又はやむを得ない事由があるときに限定していることに対応して、代理人の責任を軽減させたものでした。

　したがって本ケースでは、旧法が適用されるのであれば、AがBの「選任及び監督」についての注意を怠っていなければAは責任を負わないことになります。

2　新法の規定内容と旧法との違い

　旧法では、上記のとおり、「選任及び監督について」責任を負うとされていましたが、新法では、旧法105条に相当する規定は削除されました。よって、新法では、選任及び監督についてのみ責任を負うという制限はなくなりました。

　旧法105条の趣旨は、復代理できる場合が「本人の許諾を得たとき、又はやむを得ない事由があるとき」と限定されていたこととの均衡から、任意代理人の責任を一律に軽減するためでした。

　しかし、債務者が債務不履行責任を負うかどうかは、債務不履行の一般原則に従って判断されるべきことから、復代理人を選任した場合の責任を制限する合理性がありませんでした。

第1章　総則　　21

　そこで、新法においては旧法105条の規定は削除されることとなりました。これにより、復代理人を選任した任意代理人が本人に対して債務不履行責任を負うかどうかは、債務不履行の一般原則に従って判断されることになります。

　したがって、本ケースで新法が適用される場合は、Aに対して委任契約上の債務不履行に基づく損害賠償責任を追及できることになると考えられます。

3　新・旧の適用判断

　以上のとおり、新法では復代理人を選任した場合の責任について制限がなくなりましたので、新・旧の適用判断は重要です。

　改正法附則7条1項においては、「施行日前に代理権の発生原因が生じた場合（代理権授与の表示がされた場合を含む。）におけるその代理については、附則第3条に規定するもののほか、なお従前の例による」とし、代理権の発生原因が生じた場合（代理権授与の表示がされた場合を含みます。）が施行日前か後かで新・旧の適用が分かれます。本ケースでは、施行日前にAに代理権を授与していますので、改正法附則7条1項により旧法が適用され、AはBの「選任及び監督」についての注意を怠っていなければ、責任を負わないことになります。

実務の目

　新法においては、責任の範囲について制限がなくなりましたので、第三者に委任した場合については、第三者の行為について以前より一層注意しておくことが必要でしょう。

第1章 総 則

【関連条文】

旧 法

（復代理人を選任した代理人の責任）

第105条 代理人は、前条の規定により復代理人を選任したときは、その選任及び監督について、本人に対してその責任を負う。

2 代理人は、本人の指名に従って復代理人を選任したときは、前項の責任を負わない。ただし、その代理人が、復代理人が不適任又は不誠実であることを知りながら、その旨を本人に通知し又は復代理人を解任することを怠ったときは、この限りでない。

改正法附則

（代理に関する経過措置）

第7条 施行日前に代理権の発生原因が生じた場合（代理権授与の表示がされた場合を含む。）におけるその代理については、附則第3条に規定するもののほか、なお従前の例による。

2 施行日前に無権代理人が代理人として行為をした場合におけるその無権代理人の責任については、新法第117条（新法第118条において準用する場合を含む。）の規定にかかわらず、なお従前の例による。

第1章 総　則　23

第2節　消滅時効

ケース6　消滅時効①

施行日後に支出した必要費の償還請求と消滅時効の期間

　当社は、Aとの間で、施行日前の2018年3月1日に建物賃貸借契約を締結し、同日引渡しを行いました。施行日後の2020年4月3日に、Aが自ら台風により破損した屋根の修繕を行い、同日50万円を支出しました。その後、Aからは何も言ってこなかったのですが、2025年5月1日になって、突然、Aから建物賃貸借契約に基づく必要費の償還請求を受けました。債権法改正により必要費の償還請求の消滅時効は5年となったと聞きました。そこで、当社としては消滅時効が完成したとして、請求を拒むことができますか。旧法、新法いずれが適用されるのでしょうか。

回　答　「旧法」が適用されます。

　建物賃貸借契約の締結日が施行日前の2018年3月1日であり、「その原因である法律行為が施行日前にされたとき」（改正法附則10①）に該当します。

　したがって、本ケースでは、旧法167条1項が適用され、必要費の支出から10年が経過していないため、貴社は消滅時効の完成を主張して請求を拒むことはできません。

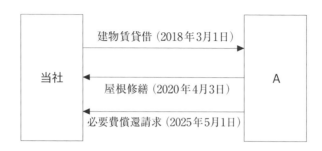

解　説

1　旧法の規定内容

旧法においては、「債権は、10年間行使しないときは、消滅する。」（旧法167①）とされています。

2　新法の規定内容と旧法との違い

新法においては、従前の「権利を行使することができる時から10年」という時効期間に加えて、「債権者が権利を行使することができることを知った時から5年」という時効期間が新設されました（新法166①一）。

債権者が権利を行使することができることを知ったのであれば、債権者がその権利を実際に行使すべきことを期待することができるためです（筒井健夫＝村松秀樹編著『一問一答・民法（債権関係）改正』57頁（商事法務、2018））。

これを契約に基づく債権について見ると、契約に基づく債権は、債権の発生時に債権者が権利を行使することができることを知っているのが通常といえるから（虎門中央法律事務所編『必携　債権法を実務から理解する21講』（商事法務、2018））、「権利を行使することができることを知った時から5年」で消滅時効が完成することになります。

第1章　総　則　　25

なお、以上に加えて、旧法においては、一定の業種について短期消滅時効の規定があり（旧法170〜174）、商事債権については5年と規定されていました（旧商522）が、いずれも廃止されました。

3　新・旧の適用判断

新法の経過措置（改正法附則10④）においては、「施行日前に債権が生じた場合におけるその債権の消滅時効の期間については、なお従前の例による。」と規定して、施行日前に債権が生じた場合については、旧法を適用し、施行日以後に債権が生じた場合には新法が適用されるとしています。

もっとも、施行日以後に債権が生じた場合であっても、その原因である法律行為が施行日前にされたときには、「その原因である法律行為がされた時点」を新法適用の基準としています（改正法附則10①）。

すなわち、債権の原因となる契約が施行日前に締結された場合には、債権発生が施行日後であっても、なお旧法が適用されることになります。

本ケースでは、建物賃貸借契約に基づく必要費償還請求権が発生するのは、施行日後の2020年4月3日になります。そのため、新法が適用されるとすれば、償還請求を受けた2025年5月1日の時点では、「権利を行使することができることを知った時から5年」が経過しているため消滅時効が完成し、償還請求ができないようにも思われます。

しかしながら、当該必要費償還請求権の原因である建物賃貸借契約という法律行為は施行日前である2018年3月1日に締結されています。

したがって、「その原因である法律行為が施行日前にされたとき」（改正法附則10①）に該当します。

そのため、債権の発生が施行日後の2020年4月3日であったとしても、その原因である建物賃貸借契約締結時点（2018年3月1日）の法律すな

わち旧法が適用されて、債権の消滅時効期間は債権発生時から10年となります。

実務の目

　債権者としては、債権が生じた時点から時効期間を考えるのが一般的であると思われますが、契約による債権の場合には、契約締結が施行日の前後いずれになるかによって、新法と旧法の適用が分かれてくることになります。したがって、施行日が近づいてきた場合には、いつ契約を締結すべきかについて注意しなければなりません。

【関連条文】

新　法

（債権等の消滅時効）

第166条　債権は、次に掲げる場合には、時効によって消滅する。
　　一　債権者が権利を行使することができることを知った時から5年間行使しないとき。
　　二　権利を行使することができる時から10年間行使しないとき。
　2・3　〔省略〕

改正法附則

（時効に関する経過措置）

第10条　施行日前に債権が生じた場合（施行日以後に債権が生じた場合であって、その原因である法律行為が施行日前にされたときを含む。以下同じ。）におけるその債権の消滅時効の援用については、新法第145条の規定にかかわらず、なお従前の例による。
　2・3　〔省略〕
　4　施行日前に債権が生じた場合におけるその債権の消滅時効の期間については、なお従前の例による。

ケース7　消滅時効②
協議を行う旨の合意による時効の完成猶予

　当社は、A社に対し、売掛金債権（施行日後の2020年5月1日消滅時効完成予定）を有しています。債権法改正で消滅時効に関し「協議を行う旨の合意」を行えば協議期間中の消滅時効完成が猶予されると聞きました。そこで、2020年3月1日に、A社との間で、協議を行う旨の合意書面（協議期間1年）を作成しました。これにより、当該売掛金債権の消滅時効の完成は2021年2月28日まで猶予されたということでよいでしょうか。施行日前の合意ですが、旧法、新法いずれが適用されるのでしょうか。

> **回　答**　「旧法」が適用されます。

　「新法151条の規定は、施行日前に権利についての協議を行う旨の合意が書面でされた場合……におけるその合意については、適用しない。」（改正法附則10③）とされています。本ケースの場合、貴社とA社の合意書面が作成されたのは、施行日前であるため、旧法が適用され、消滅時効の完成は猶予されません。

解　説

1　旧法の規定内容

　当事者間において権利についての協議を行う旨の合意が書面又は電

磁的記録によりされた場合に時効の完成が猶予されるという規定は旧法にはありません。新法151条で新たに設けられた時効の完成猶予事由です。

2 新法の規定内容と旧法との違い

旧法下においては、債権者は権利の存否、内容等について協議を続けていたとしても、時効完成直前になって、時効中断のためだけに訴訟提起を行ってきました。

しかしながら、単に時効中断のためだけに訴訟提起を行うことは、話合いによる解決の機会を失わせ、訴訟コストのみが増大する不都合がありました。

そこで、そのような不都合を軽減するために、新法では、当事者間で権利に関する協議が継続している場合には、それを書面化することにより、時効の完成を猶予することが可能になりました。

具体的には、権利の存否や内容について協議を行う旨の合意を書面又は電磁的記録によって行うこととされています（新法151①④）。

例えば、「BがCに対して有すると主張する売掛金債権の存否、内容、履行時期について協議を行うことを相互に確認する。」、「B及びCは、本合意締結日から1年間、又は協議が成立するまでのいずれか短い期間協議を継続する。」等の条項が考えられます。

時効の完成が猶予される期間は、①合意時から1年経過時、②合意において1年未満の協議期間を定めた場合はその期間経過時、③①又は②の経過時までに当事者から協議の続行を拒絶する旨の通知がされた場合には通知の時から6か月経過時という三つのうち、いずれか早い時までとされています（新法151①）。

また、協議を行う旨の合意によって時効の完成が猶予されている間に、再度合意がなされれば、時効の完成は更に猶予されます（ただし、本来の時効が完成すべき時から通算して5年を超えることはできません。）（新法151②）。

第1章　総　則　29

　なお、催告によって時効の完成が猶予されている間にされた協議を
行う旨の合意については、時効の完成猶予の効力を生じません（新法
151③）。

3　新・旧の適用判断

　新法の経過措置（改正法附則10③）においては、「新法第151条の規定
は、施行日前に権利についての協議を行う旨の合意が書面でされた場
合（その合意の内容を記録した電磁的記録……によってされた場合を
含む。）におけるその合意については、適用しない。」と規定されてい
ます。

　すなわち、施行日前に権利についての協議を行う旨の合意が書面で
された場合、その合意については新法を適用しないこととなります。
この点を認識していないと、施行日前に合意書面を交わしただけで安
心してしまい、債権を消滅時効にかけてしまいかねません。必ず、施
行日後に、再度合意書面を交わしておく必要があります。

　本ケースでは、売掛金債権について、施行日前である2020年3月1日
に権利についての協議を行う旨の合意が書面でされています。そのた
め、改正法附則10条3項の適用により旧法が適用され、2020年5月1日に
消滅時効が完成し、債務者であるA社は消滅時効を援用して支払を拒
むことができます。

┌──────── 実務の目 ────────┐

　債権者としては、施行日前に権利についての協議を行う旨の合
意が書面でされたとしても、時効の完成は猶予されないため注意
が必要です。改めて施行日後に権利についての協議を行う旨の合
意を書面で行うようにしましょう。

└─────────────────────┘

30 第1章 総 則

【関連条文】

新 法

（協議を行う旨の合意による時効の完成猶予）

第151条 権利についての協議を行う旨の合意が書面でされたときは、次に
掲げる時のいずれか早い時までの間は、時効は、完成しない。
　一 その合意があった時から1年を経過した時
　二 その合意において当事者が協議を行う期間（1年に満たないものに限
　　る。）を定めたときは、その期間を経過した時
　三 当事者の一方から相手方に対して協議の続行を拒絶する旨の通知が
　　書面でされたときは、その通知の時から6箇月を経過した時
2　前項の規定により時効の完成が猶予されている間にされた再度の同項
　の合意は、同項の規定による時効の完成猶予の効力を有する。ただし、
　その効力は、時効の完成が猶予されなかったとすれば時効が完成すべき
　時から通じて5年を超えることができない。
3　催告によって時効の完成が猶予されている間にされた第1項の合意は、
　同項の規定による時効の完成猶予の効力を有しない。同項の規定により
　時効の完成が猶予されている間にされた催告についても、同様とする。
4　第1項の合意がその内容を記録した電磁的記録（電子的方式、磁気的方
　式その他人の知覚によっては認識することができない方式で作られる記
　録であって、電子計算機による情報処理の用に供されるものをいう。以
　下同じ。）によってされたときは、その合意は、書面によってされたもの
　とみなして、前3項の規定を適用する。
5　〔省略〕

改正法附則

（時効に関する経過措置）

第10条　①・2　〔省略〕
3　新法第151条の規定は、施行日前に権利についての協議を行う旨の合意
　が書面でされた場合（その合意の内容を記録した電磁的記録（新法第151
　条第4項に規定する電磁的記録をいう。附則第33条第2項において同じ。）
　によってされた場合を含む。）におけるその合意については、適用しない。
4　〔省略〕

第1章　総　則　　31

ケース8　　消滅時効③
生命身体に関する不法行為請求権の時効

　私は新法施行日の19年前にひき逃げの交通事故に遭いましたが、犯人が捕まらないままでした。しかし、施行日から1年経つ直前に犯人が別件で逮捕され、私に対するひき逃げについても自白をしました。新法では、不法行為の時から算定される20年の期間は除斥期間ではなく消滅時効期間であり、時効中断をすることが可能になったと聞きますが、私の場合、新法が適用されるのでしょうか。

　また、新法では消滅時効期間が3年から5年になると聞いています。この点はどうなるのでしょうか。

> **回　答**　前段、後段共に「新法」が適用されます。

　改正法附則35条1項は「旧法第724条後段……に規定する期間がこの法律の施行の際既に経過していた場合におけるその期間の制限については、なお従前の例による。」と定めています。

　また、改正法附則35条2項は「新法第724条の2の規定は、不法行為による損害賠償請求権の旧法第724条前段に規定する時効がこの法律の施行の際既に完成していた場合については、適用しない。」と定めています。

　つまり、旧法の除斥期間が既に経過していなければ、旧法724条後段の期間（20年）＝新法724条2号の期間については、新法が適用されて消滅時効と解釈され、また、旧法724条前段の時効が施行日時点で完成していなければ、新法724条の2の適用があるということです。

　本ケースでは、新法の施行日に除斥期間が満了しておらず、新法が

適用されます。また、加害者を認識したのが施行日後ですので、短期消滅時効は5年となります（新法724の2）。

　なお、本ケースと異なり、新法の施行日に旧法の除斥期間が経過していないが、犯人を知った時が施行日の3年前である2017年3月31日以前である場合、（時効中断事由がない限り）施行日時点で旧法724条前段の期間を経過するため、旧法724条後段の期間（20年）＝新法724条2号の期間については新法が適用されて消滅時効と解釈されますが、新法724条の2の適用はなく、短期消滅時効期間は3年（旧法724前段）となります。

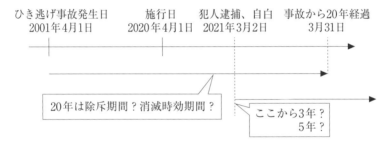

解　説

1　旧法の規定内容

　不法行為による損害賠償請求権の短期消滅時効に関して、旧法724条前段は加害者及び損害を知った時から3年と規定されていました。また、不法行為による損害賠償請求権の消滅時効に関して、旧法724条後段に不法行為時を起算点として20年の権利消滅期間が定められていました。当該期間の性質につき、立法時は消滅時効期間とも考えられていたようですが、判例により、当該期間は除斥期間、すなわち中断することなく、当該期間を超えて請求することはできないと解釈されていました（最判平元・12・21民集43・12・2209）。しかし、じん肺などの、

第1章 総 則 33

不法行為の時点から相当な期間を生じなければ実際の損害が生じない
事例についての救済が受けられないという不都合も生じ、「損害を知っ
た時」を実際の健康被害が生じた時期とする、あるいは不法行為が「継
続していた」という論理により消滅時効起算点を調整することによる
救済を図っていました。

2 新法の規定内容と旧法との違い

　新法では、20年の長期権利消滅期間についても消滅時効期間である
ことを明示しました（新法724）。このことにより、20年の長期権利消滅
期間につき、請求、催告、承認、あるいは新設された協議の合意によ
り時効の完成猶予をすることができるようになりました。

　また、人の生命・身体の侵害による不法行為に基づく損害賠償請求
権の消滅時効を5年とするという特則を設けました（新法724の2）。

3 新・旧の適用判断

　改正法附則35条1項は「旧法第724条後段……に規定する期間がこの
法律の施行の際既に経過していた場合におけるその期間の制限につい
ては、なお従前の例による。」と定めています。

　また、改正法附則35条2項は「新法第724条の2の規定は、不法行為に
よる損害賠償請求権の旧法第724条前段に規定する時効がこの法律の
施行の際既に完成していた場合については、適用しない。」と定めてい
ます。

　つまり、新法の施行日において除斥期間が既に経過していなければ
新法が適用されるとしています。

　また、旧法724条前段の時効が施行日時点で完成していなければ、新
法724条の2の適用があることになります。

整理しますと、

① 施行日において20年が経過している場合：旧法724条前段後段が適用される

② 施行日において20年が経過しておらず、損害及び加害者を知った時が2017年3月31日以前で特に時効中断事由がなく、施行日以前に旧法724条前段の時効が完成する場合： 20年の期間は新法724条2号が適用されるが、3年の短期消滅時効期間については旧法724条前段が適用される

③ 施行日において20年が経過しておらず、損害及び加害者を知った時が

　　㋐ 2017年3月31日以前ではあるものの時効中断事由がある場合(例えば、施行日前にした催告から施行日において未だ6か月経過しておらず、暫定的な時効中断の効力が生じていた場合)、あるいは、

　　㋑ 2017年4月1日以降である場合であって、

施行日以降に旧法724条前段の時効が完成していない場合：20年の期間は新法724条2号が適用され、短期消滅時効期間については新法724条の2が適用される

ということになります。

　債権一般については改正法附則10条4項により、基本的に債権発生時点を新法適用の基準時として、それが施行日以後の債権については新法が適用されると規定されており、改正法附則35条は上記附則の特別規定ともいうべきものです。

　これは、不法行為の被害者保護を優先する必要性がある等の観点から、不法行為による損害賠償請求権については、新法の適用範囲をより拡張することとしたものです。レアケースであるとは思いますが、上述②のようなケースでは旧法新法が混在して適用される可能性があることに注意が必要です。

第1章　総　則

┌─── **実務の目** ───┐

　新法が適用されることにより、被害者の保護が拡張されたといえます。他方、旧法下において確立した継続的不法行為の理論などの、時効の起算点を調整することによる救済判例は、あくまで除斥期間が中断もできない不変期間であることを前提としたものです。当該判例が、新法下においても適用されると考えることは、被害者保護の面では好ましいとはいえ、ややもすると、加害者側は時効期間の定めにかかわらずいつまでも損害賠償請求を受けてしまうという点で加害者にとって酷に過ぎる（時効制度を定めた意味がない）ということになりかねません。

　今後の裁判例により、加害者と被害者双方の利益衡量を図った事件処理がなされることが望まれます。

└──────────────┘

【関連条文】

| 旧　法 |

（不法行為による損害賠償請求権の期間の制限）

第724条　不法行為による損害賠償の請求権は、被害者又はその法定代理人が損害及び加害者を知った時から3年間行使しないときは、時効によって消滅する。不法行為の時から20年を経過したときも、同様とする。

| 新　法 |

（不法行為による損害賠償請求権の消滅時効）

第724条　不法行為による損害賠償の請求権は、次に掲げる場合には、時効によって消滅する。

　一　被害者又はその法定代理人が損害及び加害者を知った時から3年間行使しないとき。

　二　不法行為の時から20年間行使しないとき。

（人の生命又は身体を害する不法行為による損害賠償請求権の消滅時効）
第724条の2　人の生命又は身体を害する不法行為による損害賠償請求権の
　消滅時効についての前条第1号の規定の適用については、同号中「3年間」
　とあるのは、「5年間」とする。

　改正法附則
（不法行為等に関する経過措置）
第35条　旧法第724条後段（旧法第934条第3項（旧法第936条第3項、第947条
　第3項、第950条第2項及び第957条第2項において準用する場合を含む。）
　において準用する場合を含む。）に規定する期間がこの法律の施行の際既
　に経過していた場合におけるその期間の制限については、なお従前の例
　による。
2　新法第724条の2の規定は、不法行為による損害賠償請求権の旧法第724
　条前段に規定する時効がこの法律の施行の際既に完成していた場合につ
　いては、適用しない。

第2章　債権総則

38

第2章　債権総則　　39

第1節　法定利率

ケース9　　法定利率①

施行日前に締結した契約に、履行時期及び遅延損害金の定めがない場合の法定利率

① 当社と取引先が施行日前に締結した売買契約においては、特に当社の代金支払時期（履行時期）についての定めはなく、また、遅延損害金の利率も定めていません。施行日後に、代金を支払うようにとの取引先からの通知があり、当社が遅延損害金を払わなければならない事態が生じました。このような場合、新法の法定利率が適用されるのでしょうか。

② 仮に、施行日前に取引先からの通知があったものの、施行日を経過した場合はどうなるのでしょうか。

> 回　答　①では「新法」が、②では「旧法」が適用されます。

改正法附則17条1項は「施行日前に債務が生じた場合（施行日以後に債務が生じた場合であって、その原因である法律行為が施行日前にされたときを含む。附則第25条第1項において同じ。）におけるその債務不履行の責任等については……なお従前の例による。」と定めています。

また、改正法附則17条3項は、「施行日前に債務者が遅滞の責任を負った場合における遅延損害金を生ずべき債権に係る法定利率については、新法第419条第1項の規定にかかわらず、なお従前の例による。」とされています。

両経過規定を整理すると、遅滞の責任を負った時が施行日の前後の

いずれか、によって結論は異なり、施行日前に遅滞に陥った場合には旧法が、施行日後に遅滞に陥った場合には新法が適用されることになります。

本ケースでは代金支払時期の定めがないことから、取引先からの催告により遅滞に陥ります。それゆえ、施行日後に、代金を支払うようにとの取引先からの通知があった場合には、新法が適用され、施行日前に通知があった場合には旧法が適用されます。

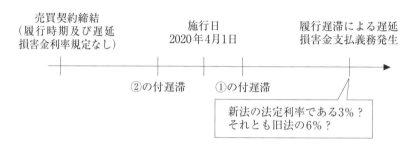

解　説

1　旧法の規定内容

旧法では、「別段の意思表示がない限り」民事法定利率は年5％とされていました（旧法404）。また、本ケースのような商行為によって生じた場合にはその利率は年6％とされていました（旧商514）。

つまり、当事者間で特に合意、すなわち契約による約束がない限りは上記各法定利率が適用されていましたが、現在の金利が非常に低水準で推移していることから、当該規定は現実的ではないとされていました。

2　新法の規定内容と旧法との違い

新法では、法定利率は、「その利息が生じた最初の時点における法定

第2章　債権総則　　41

利率による」ものとされ（新法404①）、改正当初は年3％（新法404②）、その後は3年ごとに現実の短期貸付の平均利率を元に計算してその増減を図るという変動利率が導入されました。もっとも、債務発生時の利率に従うこととされているため、将来の予測不可能な変動利率を考慮しないでよいようになっています（新法404③④）。

3　新・旧の適用判断

　改正法附則17条1項は「施行日前に債務が生じた場合（施行日以後に債務が生じた場合であって、その原因である法律行為が施行日前にされたときを含む。附則第25条第1項において同じ。）におけるその債務不履行の責任等については……なお従前の例による。」とされています。

　立法担当者は、新法の契約に関する規定については「契約の当事者は契約を締結した時点において通用している法令の規定が適用されると考えるのが通常であるため」基本的には、施行日以後に契約が締結された場合に適用するものと考えています（「法律行為日基準」原則）（部会資料85　4頁）。

　つまり、契約の締結が、新法の施行日より前であれば、旧法が適用され、新法の施行日後であれば、新法が適用されることになることが基本です。

　ただし、新法においては、時効、債権の目的、債務不履行責任などについては、債権・債務の発生時期を基準とする原則も採用しています（「債権債務の発生日基準」原則）。すなわち、改正法附則17条3項は、「施行日前に債務者が遅滞の責任を負った場合における遅延損害金を生ずべき債権に係る法定利率については、新法第419条第1項の規定にかかわらず、なお従前の例による。」と定めており、同項の反対解釈から、施行日後に遅滞に陥った場合には、新法の規定が適用されることになります。

　両原則、及び両経過規定を整合的に理解すると、遅滞の責任を負っ

た時が施行日の前後のいずれか、によって結論は異なり、施行日前に遅滞に陥った場合には旧法が、施行日後に遅滞に陥った場合には新法が適用されることになります。

本ケースでは代金支払時期の定めがないことから、取引先からの催告により遅滞に陥ります。それゆえ、施行日後に、代金を支払うようにとの取引先からの通知があった場合には、新法が適用され、施行日前に通知があった場合には旧法が適用されます。

実務の目

継続的取引基本契約は、だいたいにおいて「従前の条件と同一とする」自動更新規定があります。

施行日前に締結された継続的取引基本契約に遅延損害金規定がない場合、「法定利率による」ということが当事者の合理的意思であると解釈すれば、更新後は新法の遅延損害金規定が適用されると解釈可能です。また、取引基本契約は個別契約の締結が前提となっており、個別契約締結日が施行日以後であれば、当該個別契約を原因として生じた債務については、「当該個別契約を原因として債務が生じた」のであるから新法の適用を受けるとも、「取引基本契約を原因として締結された個別契約に基づく債務」だとして旧法が適用されるとも、いずれの主張もあり得ます。

要するに、経過規定の「その原因である法律行為」の解釈、「法律行為日基準」原則あるいは「債権債務の発生日基準」原則のいずれかが適用されるかという点については、一見明確なようでいて、実際には当事者間の契約の内容によっては多義的に解釈が可能であり、当事者間の争いになる可能性があります。今回の改正により、当事者の意思を契約書上にはっきりと表現することが求められているというのが実務家としての印象です。

第2章　債権総則　　43

　継続的な契約については、新法施行日後の契約更新時期に少な
くとも新法に基づくということについて、覚書等により、当事者
の明示的な合意を形成することが望ましいと考えます。

【関連条文】

旧　法

（法定利率）

第404条　利息を生ずべき債権について別段の意思表示がないときは、その
　　利率は、年5分とする。

（金銭債務の特則）

第419条　金銭の給付を目的とする債務の不履行については、その損害賠償
　　の額は、法定利率によって定める。ただし、約定利率が法定利率を超え
　　るときは、約定利率による。

2・3　〔省略〕

※旧商法

（商事法定利率）

第514条　商行為によって生じた債務に関しては、法定利率は、年6分とす
　　る。

新　法

（法定利率）

第404条　利息を生ずべき債権について別段の意思表示がないときは、その
　　利率は、その利息が生じた最初の時点における法定利率による。

2　法定利率は、年3パーセントとする。

3　前項の規定にかかわらず、法定利率は、法務省令で定めるところによ
　　り、3年を一期とし、一期ごとに、次項の規定により変動するものとする。

4　各期における法定利率は、この項の規定により法定利率に変動があっ
　　た期のうち直近のもの（以下この項において「直近変動期」という。）に
　　おける基準割合と当期における基準割合との差に相当する割合（その割

合に1パーセント未満の端数があるときは、これを切り捨てる。）を直近変動期における法定利率に加算し、又は減算した割合とする。

5　前項に規定する「基準割合」とは、法務省令で定めるところにより、各期の初日の属する年の6年前の年の1月から前々年の12月までの各月における短期貸付けの平均利率（当該各月において銀行が新たに行った貸付け（貸付期間が1年未満のものに限る。）に係る利率の平均をいう。）の合計を60で除して計算した割合（その割合に0.1パーセント未満の端数があるときは、これを切り捨てる。）として法務大臣が告示するものをいう。

（金銭債務の特則）

第419条　金銭の給付を目的とする債務の不履行については、その損害賠償の額は、債務者が遅滞の責任を負った最初の時点における法定利率によって定める。ただし、約定利率が法定利率を超えるときは、約定利率による。

2・3　〔省略〕

| 改正法附則 |

（債務不履行の責任等に関する経過措置）

第17条　施行日前に債務が生じた場合（施行日以後に債務が生じた場合であって、その原因である法律行為が施行日前にされたときを含む。附則第25条第1項において同じ。）におけるその債務不履行の責任等については、新法第412条第2項、第412条の2から第413条の2まで、第415条、第416条第2項、第418条及び第422条の2の規定にかかわらず、なお従前の例による。

2　〔省略〕

3　施行日前に債務者が遅滞の責任を負った場合における遅延損害金を生ずべき債権に係る法定利率については、新法第419条第1項の規定にかかわらず、なお従前の例による。

4　〔省略〕

第2章　債権総則　　45

ケース10　　法定利率②

施行日前に発生した交通事故に基づく損害賠償請求権と中間
利息控除

　私は新法施行日直前に交通事故に遭いました。施行日後1年が
経過して症状固定したと診断され、後遺障害認定を受けました。
逸失利益について、中間利息控除された金額を保険会社が支払う
と連絡してきました。

　新法では変動利率に応じた中間利息控除の規定が設けられたと
聞きます。本ケースの場合、新法の法定利率の規定に基づく中間
利息控除がなされるのでしょうか。

回　答	基本的に「旧法」が適用されると考えられますが、「新法」が適用されると解釈される可能性があります。

　改正法附則17条2項は「新法第417条の2（新法第722条第1項において
準用する場合を含む。）の規定は、施行日前に生じた将来において取得
すべき利益又は負担すべき費用についての損害賠償請求権について
は、適用しない」と定めています。

　本ケースでは、事故発生日が新法施行日前なので、形式的には旧法
が適用されると考えます。ただし、解釈により新法が適用される可能
性も否定できません。

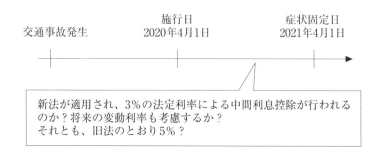

解　説

1　旧法下の処理

交通事故のような不法行為による傷害が治療され、症状が固定したのち、残存する機能障害が後遺障害です。この後遺障害に関する損害賠償請求権（逸失利益）について、中間利息の控除が行われ、旧法下での実務では、明文の規定はありませんが口頭弁論終結時以降について法定利率（年5％）に基づく中間利息の控除が行われています。

2　新法の規定内容

新法では、中間利息控除について明文の規定が置かれ、「その損害賠償の請求権が生じた時点における法定利率」によって計算すべきことが規定されました（新法417の2①）。これは新法において変動利率が導入されたことに応じて規定されたものです。なお、新法の法定利率はまず3％と定められました（新法404②）。

新法適用下において、理論的な課題とされているのが、「その損害賠償の請求権が生じた時点」をいかように解釈するかです。

すなわち、逸失利益のような消極損害については、あくまで将来の各時点に生じる利益の喪失や精神的苦痛に対する慰謝料であると考え

第2章　債権総則　　47

れば、「その損害賠償の請求権が生じた時点」は将来の各時点であると考えることができます。理論的な厳密さを追求すれば中間利息控除を3年ごとの利率変動に応じて変動的に請求することになりますがそれは現実的ではないため、おそらく「症状固定時」あるいは「口頭弁論終結時」を基準時として考えることになるでしょう。

　他方、当該後遺障害はあくまで不法行為を原因とするものであり、損害は不法行為の時点で確定的に生じていると考えることもでき、不法行為時の法定利率によると考えることもできます。

　これまでは、法定利率が固定利率であったため、この点について考える実益はありませんでした。学説判例は二分しており、はっきりとした結論は出ていません。

3　新・旧の適用判断

　改正法附則17条2項は「新法417条の2（新法722条第1項において準用する場合を含む。）の規定は、施行日前に生じた将来において取得すべき利益又は負担すべき費用についての損害賠償請求権については、適用しない」とあります。形式的に考えれば、施行日前に生じた交通事故に基づく損害賠償請求権については旧法の規定が適用されると考えることになります。ただし、後述のように新法適用の可能性もあり得ます。

┌─────────── 実務の目 ───────────┐

　不法行為に基づく損害賠償請求権については、後遺障害についての時効の起算点を症状固定時にする等、被害者側の保護を考える実務の傾向があります。条文を形式的に解釈し、旧法が適用されると解釈することが素直だとしても、新法において、「その損害賠償の請求権が生じた時点」についての理論的な問題が生じており、

その理論的問題は旧法と新法の法定利率の差異にも同様に当てはまります。今後裁判所において被害者の保護を重視する旧法下における実務傾向が維持され、より被害者に有利な新法が適用される可能性は皆無ではありません。新法施行後の裁判例が注目されます。

【関連条文】

新 法

（中間利息の控除）

第417条の2　将来において取得すべき利益についての損害賠償の額を定める場合において、その利益を取得すべき時までの利息相当額を控除するときは、その損害賠償の請求権が生じた時点における法定利率により、これをする。

2　将来において負担すべき費用についての損害賠償の額を定める場合において、その費用を負担すべき時までの利息相当額を控除するときも、前項と同様とする。

改正法附則

（債務不履行の責任等に関する経過措置）

第17条　①　〔省略〕

2　新法第417条の2（新法第722条第1項において準用する場合を含む。）の規定は、施行日前に生じた将来において取得すべき利益又は負担すべき費用についての損害賠償請求権については、適用しない。

3・4　〔省略〕

第2章　債権総則　　　49

第2節　債務不履行の責任

| ケース11 | 明確な履行拒絶意思と填補賠償

施行日前に締結された契約について、施行日後に相手方が履行拒絶意思を明確に表示した場合

　私は、知人Ａとの間で、新法施行前の2020年3月20日に、Ａが所有する絵画を50万円で購入する契約を締結し、同年7月20日に同絵画の引渡しと引換えに代金を支払うことを合意しました。

　しかしながら、Ａは、新法施行後の2020年4月10日になって、突然、同絵画の引渡しには一切応じられないと言い、その後、何度連絡をしてもつながらず、折り返しの連絡もないまま1か月が経過しようとしています。

　本ケースでは、新法の適用により、債務の履行に代わる損害賠償の請求をすることができますか。

> **回　答**　「旧法」が適用されます。

　改正法附則17条1項は、「施行日前に債務が生じた場合……におけるその債務不履行の責任等については、……なお従前の例による」と定めています。つまり、債務の発生原因である契約の締結が、新法の施行日より前であれば、旧法が適用されます。

　本ケースでは、契約締結日が新法施行日前であり、旧法が適用されます。

解　説

1　旧法の規定内容

　旧法では、履行拒絶があった場合に、債務の履行に代わる損害賠償（填補賠償）を認める規定はなく、単なる履行拒絶のみを理由とした填補賠償の請求は認められません。

　ただし、履行不能の場合、又は、債務不履行を理由として、契約が解除された場合には、填補賠償が認められると解されています。したがって、単なる履行拒絶を超えて、それが履行不能と同視し得ると判断し得る場合については、履行不能による填補賠償が認められる可能性がありますが、そもそも履行拒絶とは、原則として、履行が可能であることが前提であり、いかなる場合に履行不能と評価されるのかについて見解は確立していません。また、履行期前の履行拒絶を債務不履行の一類型として捉える見解、すなわち、たとえ履行期前であっても、債務者に債務を履行する意思が全く認められず、かつ、履行をしない意思を覆すことが全く期待できない場合には,それを理由として、（他の要件が充足していることを前提に）損害賠償請求（填補賠償）又は契約解除（無催告解除）を肯定してよいとの見解もありましたが（奥田昌道編『新版　注釈民法(10)Ⅱ債権(1)』67頁（有斐閣、2011）参照）、通説として確立したものとまでは言えず、最高裁判例においても、履行拒絶がどのような意味を持つのかについて明確に判断を示すものはありません。

第 2 章　債権総則　　　　　　　　　　　　　　　51

　また、債務者が履行拒絶をしたまま履行期日が徒過した場合には、
履行遅滞により処理することが可能ですが、本ケースのように、履行
期前に履行が拒絶された場合には、履行遅滞が生じておらず、このよ
うな観点からの解決はできません。また、履行期の到来を待って履行
遅滞として処理する場合でも、債権者が、契約を解除することなく、
填補賠償を請求することが認められるか否かについて、学説は分かれ
ています。
　したがって、旧法下では、本ケースで、履行拒絶を理由として填補
賠償を請求することはできず、履行期の到来を待って、履行遅滞によ
り契約を解除し、填補賠償を請求するか、履行拒絶が履行不能と同視
し得る何らかの事情を主張して、履行不能による填補賠償を請求する
ほかありません。

2　新法の規定内容と旧法との違い

　新法では、新法415条2項において、債権者は、次の場合に、債務者
に対して填補賠償を請求できると規定され、填補賠償請求権の要件が
明確になりました。
①　履行不能のとき（1号）
②　債務者が履行拒絶意思を明確に表示したとき（2号）
③　契約が解除され、又は、債務不履行による解除権が発生したとき
　　（3号）
　旧法では、前記1のとおり、①の場合については、填補賠償が認めら
れていましたが、改正により、②、③の場合にも認められることが明
確になりました。ただし、②については、履行拒絶があればいかなる
場合であっても填補賠償が認められるわけではなく、履行不能に匹敵
すること、すなわち、履行拒絶の意思が終局的かつ確定的であること
を要します。

仮に本ケースで新法が適用されるとすると、債務者が、絵画を引き渡さない旨通知した後、約1か月間、連絡をとることのできない状態になっているとのことですから、債務者の履行拒絶の意思は、終局的かつ確定的なものであると言え、新法415条2項2号により、填補賠償を請求することができると言えるでしょう。

3　新・旧の適用判断

改正法附則17条1項は、「施行日前に債務が生じた場合（施行日以後に債務が生じた場合であって、その原因である法律行為が施行日前にされたときを含む。……）におけるその債務不履行の責任等については、……なお従前の例による」と定めています。なお、債権の発生原因とは、契約、事務管理、不当利得及び不法行為です。このように債権の発生時が施行日の前か後かを判断基準とするのは、施行日前に債権が生じた場合について改正後の民法の規定を適用すると、当事者(債権者及び債務者）の予測可能性を害する結果となるからです（部会資料85　3頁）。

したがって、債権が発生したのが新法の施行前であれば、その債権の履行期が新法の施行後であっても旧法が適用され、新法の施行後なら新法が適用されることになります。

本ケースでは、相談者の債務の発生原因である絵画の売買契約締結日が新法施行日前なので、旧法が適用されます。

ただし、損害賠償の遅延損害金の利率については、遅滞の責任を負った時が施行日の前であれば旧法、施行日の後であれば新法が適用されること（改正法附則17③）に留意してください（ケース9参照）。

┌─────────────── 実務の目 ───────────────┐

新法施行後であっても、いかなる場合に「履行拒絶意思を明確に表示」したと評価し得るか（履行不能と同視し得る履行拒絶が

第2章　債権総則　　　53

あったと言えるか）という点については、今後の事例の集積が待たれます。

　したがって、本ケースのように、履行拒絶意思の表示と履行期までの間に相当の期間が空いている場合に、填補賠償請求をスムーズに行う（一度行った填補賠償請求が要件を満たさないものとして棄却された後、別の要件を充足したことを主張して填補賠償請求する手間を回避する）方策として、次のような対応をとることが考えられます。

　まず、「履行拒絶意思を明確に表示した」として、無催告解除（新法542①二）します。

　そうすると、仮に、相手方が、「履行拒絶意思を明確に表示した」つもりではないのであれば、通知の到達から履行期までに何らかの反論がなされるはずです。

　仮にそのような反論が何らなされないのであれば、それも一つの事情として、履行拒絶意思が明確であったと評価され、無催告解除が認められる可能性が高いでしょう。それから、新法415条2項2号又は3号により、填補賠償を請求しましょう。

【関連条文】

| 旧　法 |

（債務不履行による損害賠償）

第415条　債務者がその債務の本旨に従った履行をしないときは、債権者は、これによって生じた損害の賠償を請求することができる。債務者の責めに帰すべき事由によって履行をすることができなくなったときも、同様とする。

| 新　法 |

（債務不履行による損害賠償）

第415条　①　〔省略〕

2　前項の規定により損害賠償の請求をすることができる場合において、債権者は、次に掲げるときは、債務の履行に代わる損害賠償の請求をすることができる。
　一　債務の履行が不能であるとき。
　二　債務者がその債務の履行を拒絶する意思を明確に表示したとき。
　三　債務が契約によって生じたものである場合において、その契約が解除され、又は債務の不履行による契約の解除権が発生したとき。

改正法附則
（債務不履行の責任等に関する経過措置）
第17条　施行日前に債務が生じた場合（施行日以後に債務が生じた場合であって、その原因である法律行為が施行日前にされたときを含む。附則第25条第1項において同じ。）におけるその債務不履行の責任等については、新法第412条第2項、第412条の2から第413条の2まで、第415条、第416条第2項、第418条及び第422条の2の規定にかかわらず、なお従前の例による。
2　〔省略〕
3　施行日前に債務者が遅滞の責任を負った場合における遅延損害金を生ずべき債権に係る法定利率については、新法第419条第1項の規定にかかわらず、なお従前の例による。
4　〔省略〕

第2章　債権総則　　　55

ケース12　債務不履行責任の免責事由

施行日前に締結した契約に関し、施行日後に債務不履行が発生した場合の免責事由

　当社の店舗で使っている業務用冷蔵庫が故障したので、2020年3月1日に、A社に対し、修理を依頼しました。故障した冷蔵庫は、A社の工場で修理を完了させ、同年4月10日に当社の担当者もA社の工場で冷蔵庫が正常に作動することを確認しました。ところが、当社の店舗に冷蔵庫を搬入して設置した後の同年4月20日になって不具合が生じ、更にその修理に1か月を要するため、その間の営業ができなくなりました。この不具合の原因は、A社の工場から当社の店舗に冷蔵庫を搬送する過程で生じたものと推認されますが、その詳細は不明です。当社がA社に対して営業ができない期間の損害賠償を請求するに当たっては、新法と旧法のどちらが適用されるでしょうか。

回　答　「旧法」が適用されます。

　改正法附則17条においては、改正法の施行日前に債務が生じた場合（施行日以後に債務が生じた場合であって、その原因である法律行為が施行日前にされたときを含みます。）、その債務不履行の責任等については、従前の例によるとされています。

　本ケースでは、損害賠償請求債務の原因である請負契約が施行日前に締結されていますので、旧法が適用されることになります。

解　説

1　旧法の規定内容

　旧法415条では、「債務者の責めに帰すべき事由」がどういった枠組みで判断されるのかは文言上明確ではありませんでした。そのため、裁判実務においては、帰責事由の有無は、問題となった債務に係る給付の内容や不履行の態様から一律に定まるのではなく、個々の取引関係に応じて、契約の性質、契約の目的、契約の締結に至る経緯等の債務の発生原因となった契約に関する諸事情を考慮し、併せて取引に関して形成された社会通念をも勘案して判断されていたものと考えられます。

2　新法の規定内容と旧法との違い

　新法では、旧法下における帰責事由の裁判実務の判断枠組みを明確にして、新法415条1項は、「契約その他の債務の発生原因及び取引上の社会通念に照らして債務者の責めに帰することができない事由」との文言に改正されました。これは、旧法の帰責事由の概念を維持しつつ、その判断について、中間試案で採用された「契約の趣旨」という文言を採用することはしないで、上記文言が採用されたものです。そのため、帰責事由の存否については、契約書の文言のみならず、当該契約に関する一切の事情に基づいて、当該契約に関する取引通念を考慮して総合的に判断すべきものと解されています（日本弁護士連合会編『実務

第2章　債権総則　　57

解説改正債権法』108頁（弘文堂、2017））。そして、新法415条1項ただし書に
おいて、判例に従って、帰責事由は債務者がその不存在について主張
立証責任を負うことが明文化されました。

　本ケースでは、業務用冷蔵庫の不具合の原因は、A社の工場から貴
社の店舗へ冷蔵庫を搬送する過程で生じたものと推認されるとされて
います。そのため、例えば、本ケースの契約内容として、故障した業
務用冷蔵庫をA社の工場で修理を完了させ、その後、A社が修理完成
後に店舗へ冷蔵庫を搬入して設置することになっていたというのであ
れば、冷蔵庫の修理完成を内容とする請負契約だけではなく、A社が
修理した冷蔵庫を店舗から工場まで搬送し、更に工場から店舗まで再
搬送して設置することも約定となっていた可能性があります。そし
て、A社との契約において、搬送に要する費用も請負代金に上乗せさ
れていたような場合には、店舗と工場との間の冷蔵庫の搬送も契約内
容に含まれることになるものと思われます。その場合の契約内容につ
いては、①冷蔵庫の修理と搬送・設置を内容とする請負契約と評価す
る場合、②冷蔵庫の修理完成を内容とする請負契約と搬送・設置に関
する約定を別個の契約と評価する場合の二つが考えられます。①の場
合には、A社は、冷蔵庫の修理及び搬送・設置という一連の仕事を完
成させる義務を負うことになりますので、本ケースの冷蔵庫の不具合
が搬送途上の原因による場合はその不具合についても損害賠償の責任
を負うことになります。②の場合には、搬送過程において冷蔵庫に不
具合を生じたことがA社の債務不履行と評価されるか否かは、その不
履行がA社の新法415条1項ただし書の免責事由によるものであったか
否かで判断されることになります。そのため、②の場合にA社が損害
賠償責任を負うかは、A社との間の冷蔵庫の修理及び搬送・設置に関
する合意の内容及び性質、契約が締結された目的、契約締結に至る諸
事情及び取引上の社会通念を考慮して、A社に免責事由があることを

A社が立証できるかによって決まることになります。本ケースで、前記のように冷蔵庫の搬送・設置に要する費用が請負代金に上乗せされていたような場合、上記の判断基準からは、A社が免責されるのは不可抗力や債権者の行為など限定的な場合に限られるものと考えられます。他方で、例えば、A社が修理した冷蔵庫について、偶々質問者の友人に運送業者がいたため、その友人に依頼して冷蔵庫を搬送することになっていたが、搬送日直前になってその友人が病気になったことから、急遽、A社の好意で冷蔵庫を搬送してもらったような場合には、冷蔵庫の搬送・設置については、A社の好意によるものですので、上記の判断基準からは、A社が免責される余地はあるものと考えられます。

3 新・旧の適用判断

改正法附則17条は、施行日以後に債務が生じた場合であっても、その原因である法律行為が施行日前にされた場合におけるその債務不履行の責任等については、なお従前の例によるとして、契約が新法の施行日前に締結された場合は旧法が適用されるとしています。

本ケースでは、新法の施行日前に請負契約が締結されていますので、旧法が適用されることになります。

実務の目

債権法改正によって、損害賠償責任の免責事由の判断枠組みについての実務が大きく変わることはないと思われますが、帰責事由の判断基準及び主張立証責任が明確になったことで、実務に一定の影響がある可能性はあります。

第2章　債権総則　　59

【関連条文】

旧　法

（債務不履行による損害賠償）

第415条　債務者がその債務の本旨に従った履行をしないときは、債権者は、これによって生じた損害の賠償を請求することができる。債務者の責めに帰すべき事由によって履行をすることができなくなったときも、同様とする。

新　法

（債務不履行による損害賠償）

第415条　債務者がその債務の本旨に従った履行をしないとき又は債務の履行が不能であるときは、債権者は、これによって生じた損害の賠償を請求することができる。ただし、その債務の不履行が契約その他の債務の発生原因及び取引上の社会通念に照らして債務者の責めに帰することができない事由によるものであるときは、この限りでない。

2　〔省略〕

改正法附則

（債務不履行の責任等に関する経過措置）

第17条　施行日前に債務が生じた場合（施行日以後に債務が生じた場合であって、その原因である法律行為が施行日前にされたときを含む。附則第25条第1項において同じ。）におけるその債務不履行の責任等については、新法第412条第2項、第412条の2から第413条の2まで、第415条、第416条第2項、第418条及び第422条の2の規定にかかわらず、なお従前の例による。

2〜4　〔省略〕

ケース13　損害賠償の範囲と予見可能性

施行日前に締結した契約に関し、施行日後に債務不履行が発生した場合の損害賠償請求の範囲

　私は、2020年3月10日に、Aとの間で、中古車市場で人気のあるクラシックカーを売買する契約を締結し、同契約では同年4月30日に車両の引渡しと引換えにAが売買代金を支払う約定となっていました。ところが、同年4月10日に、クラシックカーは第三者に盗まれてしまい、Aに引き渡すことができなくなりました。Aからは、クラシックカーを転売する予定であったから、転売で得ることのできた利益の損害賠償請求をすると言われていますが、この場合に、新法と旧法のどちらが適用されるのでしょうか。

回答　「旧法」が適用されます。

　改正法附則17条においては、改正法の施行日前に債務が生じた場合（施行日以後に債務が生じた場合であって、その原因である法律行為が施行日前にされたときを含みます。）、その債務不履行の責任等については、従前の例によるとされています。

　本ケースでは、損害賠償請求債務の原因である売買契約が施行日前に締結されていますので、旧法が適用されることになります。

第 2 章　債権総則　　　61

解　説

1　旧法の規定内容

　旧法では、416条2項において、「特別の事情によって生じた損害であっても、当事者がその事情を予見し、又は予見することができたときは、債権者は、その賠償を請求することができる。」とされており、この文言からは、実際に予見し、又は予見できたかどうかという事実的な可能性が問題となるようにも読めます。

　そのため、本ケースでも、例えば、売買契約締結後引渡し前にクラシックカーの市場価格が高騰したことから、Aからクラシックカーを第三者に転売するとの一方的な通告を受けていたような場合には、「予見し、又は予見することができた」ものとし、Aがクラシックカーを高騰した市場価格で転売したことによって得ることができた利益を特別事情による損害として賠償請求できるとも考えられます。

　しかし、旧法の下での裁判実務においては、当事者が特別の事情を実際に予見していたといった事実の有無によるのではなく、当事者がその事情を予見すべきであったといえるか否かという規範的な評価により、特別の事情によって生じた損害が賠償の範囲に含まれるかが判断されていました（筒井健夫＝村松秀樹編著『一問一答・民法（債権関係）改正』77頁（商事法務、2018））。そのため、旧法下でも、上記のような事例では、当事者が予見すべきであったと客観的に評価される事情によって生じた損害に限定されていました。

2　新法の規定内容と旧法との違い

　新法では、416条2項において、「当事者がその事情を予見すべきであったときは」との文言にして、予見可能性が規範的なものであるとする旧法での一般的な見解を確認し、旧法下での解釈上の疑義を解消す

る改正がなされました。その上で、規範的な概念である「予見可能性」がどういった場合に認められるのかが問題となりますが、旧法の下でも、契約において債権者にいかなる利益が保障されているか（契約利益）を基準とする有力な見解があり、こういった見解は、契約の趣旨を重視する新法との整合性を増すものと言われています（潮見佳男ほか編『Before/After民法改正』125頁（弘文堂、2017））。

　本ケースでも、例えば、Aがクラシックカーを自分で乗ることを前提に市場価格よりも安く譲ってほしいと頼んできたので、市場価格よりも大幅に安い金額で売買契約を締結したような場合には、そもそもAとの間の売買契約ではクラシックカーを第三者に転売することは予定されておらず、Aがクラシックカーを第三者に転売しないことを前提に、市場価格よりも安価な売買価格が設定されたことになります。このような契約の趣旨からすると、仮に、Aがクラシックカーを第三者に転売すると一方的に通告したような場合であっても、クラシックカーの転売利益は本件の売買契約によって保障された利益とはいえず、新法416条2項で規定された規範的概念としての予見可能性があったものとは認められないと思われます。そのため、Aからのクラシックカーを転売した利益の損害賠償請求には応じる必要はないことになります。

3　新・旧の適用判断

　改正法附則17条は、施行日以後に債務が生じた場合であっても、その原因である法律行為が施行日前にされた場合におけるその債務不履行の責任等については、なお従前の例によるとして、契約が新法の施行日前に締結された場合は旧法が適用されるとしています。

　本ケースでは、クラシックカーが第三者に盗まれてしまい、Aに引き渡すことができなくなったという債務不履行の事実が発生したのは

第2章　債権総則　63

新法施行日後になりますが、その原因であるクラシックカーの売買契約を締結したのは新法施行日前ですので、旧法が適用されることになります。

┌─── 実務の目 ───┐

　旧法下では、416条2項の「予見可能性」の意味については規定の文言による解釈上の疑義がありましたが、新法では、規範的な概念であることが明確となりました。ただし、実務での適用に関しては、旧法と新法でそれほどの違いはないものと思われます。

└─────────────┘

【関連条文】

旧　法

（損害賠償の範囲）

第416条　債務の不履行に対する損害賠償の請求は、これによって通常生ずべき損害の賠償をさせることをその目的とする。

2　特別の事情によって生じた損害であっても、当事者がその事情を予見し、又は予見することができたときは、債権者は、その賠償を請求することができる。

新　法

（損害賠償の範囲）

第416条　①　〔省略〕

2　特別の事情によって生じた損害であっても、当事者がその事情を予見すべきであったときは、債権者は、その賠償を請求することができる。

改正法附則

（債務不履行の責任等に関する経過措置）

第17条　施行日前に債務が生じた場合（施行日以後に債務が生じた場合で

あって、その原因である法律行為が施行日前にされたときを含む。附則第25条第1項において同じ。）におけるその債務不履行の責任等については、新法第412条第2項、第412条の2から第413条の2まで、第415条、第416条第2項、第418条及び第422条の2の規定にかかわらず、なお従前の例による。

2 〜 4 〔省略〕

ケース14　代償請求権

施行日前に契約を締結し、施行日後に目的物が滅失した場合の代償請求権

　当社は、A社から、新法施行日前の2020年3月20日、中古の工業用機械を100万円で購入する契約を締結し、同日、代金を支払いました。

　しかし、引渡期日の前日の同年4月19日、Aの工場が放火により火事になり、機械も焼失し、引渡しを受けることができなくなってしまいました。他方で、A社は、火災保険により、保険金を受領することができるそうです。

　本ケースで、当社は、新法で新設された代償請求権を行使することは可能でしょうか。

回答　「旧法」が適用されます。

　改正法附則17条1項は、「施行日前に債務が生じた場合（施行日以後に債務が生じた場合であって、その原因である法律行為が施行日前にされたときを含む。……）におけるその債務不履行の責任等については、……なお従前の例による」と定めています。

　本ケースでは、代償請求権が生じたのは新法施行日後ですが、その原因である契約の締結日が新法施行日前なので、旧法が適用されます。

第2章 債権総則

解　説

1　旧法の規定内容

旧法では、債務の履行不能と同一の原因により、債務者が利益を得た場合、債権者が、当該利益について償還を請求できるかどうか、いわゆる代償請求権について、規定が設けられていませんでした。

しかしながら、最高裁昭和41年12月23日判決（判時470・41）において、「一般に履行不能を生ぜしめたと同一の原因によつて、債務者が履行の目的物の代償と考えられる利益を取得した場合には、公平の観念にもとづき、債権者において債務者に対し、右履行不能により債権者が蒙りたる損害の限度において、その利益の償還を請求する権利を認めるのが相当であり、民法536条2項ただし書の規定は、この法理のあらわれである」として、債権者に代償請求権が認められる旨が判示され（以下「昭和41年判決」といいます。）、旧法下でも、同判例の要件の下、代償請求権が認められていました。

昭和41年判決のいう「目的物の代償である権利又は利益」の例としては、第三者に対する損害賠償請求権や保険金請求権、保険金として受領した金銭等が挙げられます。

なお、代償請求権の要件として、履行不能が生じた原因について債務者に帰責事由がないことを要求するか否か、すなわち、債権者が債務者に対して、損害賠償請求をすることが可能である場合等、「他の救済手段」がある場合であっても、代償請求権を選択行使することを認めるか否かについては、争いがあります。通説・判例によれば、債権者は、債務者の帰責事由の有無と無関係に、代償請求権を行使することができると解されていますが、これに対しては、債務者の財産管理権に対する干渉の程度が大きいとして、代償請求権を行使することができるケースを、債務者に帰責事由がない場合、すなわち、債権者が

第 2 章　債権総則　　　　　　　　67

債務者に対して損害賠償を請求することができず、「他の救済手段」が
ない場合に限るとする見解もあります。

　本ケースでは、中古の工業用機械の引渡債務が履行不能になった原
因についてＡ社に帰責事由はないので、いずれの見解に立ったとして
も、貴社は、Ａ社に対し、その損害額の限度で、Ａ社の受領した保険
金の支払を請求することができます。

2　新法の規定内容と旧法との違い

　新法422条の2では、「債務者が、その債務の履行が不能となったのと
同一の原因により債務の目的物の代償である権利又は利益を取得した
ときは、債権者は、その受けた損害の額の限度において、債務者に対
し、その権利の移転又はその利益の償還を請求することができる」と
して、昭和41年判決を踏襲し、代償請求権が明文化されました。

　同条は、従来認められていた判例法理を明文化したものですので、
旧法による場合と実質的な差異はありません。

　代償請求権の要件として、債務の履行不能が債務者の帰責事由によ
ることを要求するか否かについては、新法においても解釈に委ねられ
ており、今後の判断の集積が待たれます。

3　新・旧の適用判断

　改正法附則17条1項は、「施行日前に債務が生じた場合（施行日以後
に債務が生じた場合であって、その原因である法律行為が施行日前に
されたときを含む。……）におけるその債務不履行の責任等について
は、……なお従前の例による」と定めています。なお、債務の発生原
因とは、契約、事務管理、不当利得及び不法行為です。

　本ケースにおいて、代償請求権自体が発生したのは、新法施行日後
ですが、その原因である法律行為は、施行日前に締結された売買契約

ですので、旧法が適用されます。

┌─── 実務の目 ───┐

　昭和41年判決及び新法422条の2によれば、債権者が、填補賠償を請求する相手方は、あくまで「債務者」です。したがって、仮に債務者が目的物の代償として何らかの債権を得た場合、債権者がいきなり、第三債務者に対し、直接履行請求することができるのではなく、まずは、債務者に対して、代償請求権を行使し、債務者から当該債権について権利移転を受け（債権譲渡を受けることとなります。）、それから、第三債務者に対し、移転した権利に基づき履行請求することとなります。

　ただし、保険金請求権の場合、権利の移転を受けようとしたとしても、通常、譲渡禁止特約が付されていて、旧法下では、原則、債権譲渡は無効となり（旧法466②本文）、新法下においても、通常、悪意又は重過失であるとして、保険会社から支払を拒まれ（新法466③）、代理受領の承認も得られず、結局債務者に支払われてしまう可能性が高いでしょう。仮に債務者に、同保険金請求権のほか見るべき資産がない場合には、保険金請求権を仮差押えしたり、債権者代位により請求することも可能であると考えられますが、基本的には、債務者が保険金を受領した後、同保険金の償還を請求することとなるでしょう。

【関連条文】

新　法

（代償請求権）

第422条の2　債務者が、その債務の履行が不能となったのと同一の原因に

第2章　債権総則　　69

より債務の目的物の代償である権利又は利益を取得したときは、債権者
は、その受けた損害の額の限度において、債務者に対し、その権利の移転
又はその利益の償還を請求することができる。

改正法附則

（債務不履行の責任等に関する経過措置）

第17条　施行日前に債務が生じた場合（施行日以後に債務が生じた場合で
あって、その原因である法律行為が施行日前にされたときを含む。附則
第25条第1項において同じ。）におけるその債務不履行の責任等について
は、新法第412条第2項、第412条の2から第413条の2まで、第415条、第416
条第2項、第418条及び第422条の2の規定にかかわらず、なお従前の例に
よる。

2～4　〔省略〕

第3節　債権者代位権・詐害行為取消権

第1　債権者代位権

ケース15　債権者代位訴訟における訴訟告知

施行日前に発生した被保全債権による債権者代位訴訟提起時の債務者に対する訴訟告知の要否

当社は、Aに対して、新法施行日前の2020年1月に、翌月末支払の条件で甲商品を1,000万円で売却しましたが、2020年6月になっても支払がなされていません。調査の結果、Aには1億円程度の負債がある一方で、換価可能資産としては、2020年3月にBに対して乙商品を売却した売掛金くらいであることが判明しました。

そこで、当社は、Bに対して、債権者代位訴訟を提起しようと考えていますが、新法ではAに対して訴訟告知が必要とされています。新法施行日後に債権者代位訴訟を提起する場合には、新法が適用され、Aに対して訴訟告知が必要でしょうか。

回答　「旧法」が適用されます。

改正法附則18条1項において、新法の施行日前に生じた被代位権利に係る債権者代位権については、旧法が適用されることとされています。

本ケースでの被代位権利は、新法施行日前の2020年3月に発生していますので、旧法が適用されます。

第2章　債権総則　　71

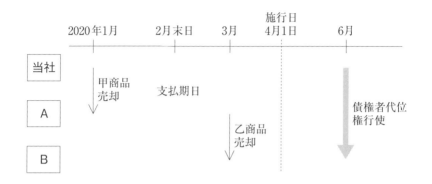

解　説

1　旧法の規定内容

　旧法下での判例では、債権者が代位権行使に着手しそれを債務者に通知するか、あるいは代位権着手の事実を債務者が了知した場合、債務者は取立等の処分の権限を失うものとされていました（大判昭14・5・16民集18・557）（この場合に、第三債務者が債務者に弁済することまで禁止されるのか否かは議論があり、不明確でした。）。

　債権者代位訴訟については、一般に、法定訴訟担当であると考えられてきたことから、債権者代位訴訟の効力が当然に被担当者である債務者に及ぶと理解されてきましたが、敗訴時の債務者の手続保障という観点からは問題提起がなされていました。

　そこで、解釈論としては、債権者代位訴訟の場合に、債務者に訴訟告知を要求するというような学説も唱えられていました。

2　新法の規定内容と旧法との違い

　新法では、旧法下での議論を踏まえて、債権者代位訴訟を提起した場合は、速やかに債務者に訴訟告知をすることとされ（新法423の6）、訴訟告知を欠く各場合は不適法却下と考えられています。

なお、新法下では、旧法下での判例を変更し、債権者が被代位権利を行使した場合であっても、債務者は被代位権利について自ら取立てあるいは処分することができ、第三債務者も債務者に履行することができることとされました（新法423の5）。

したがって、債権者は、旧法下の判例と同様に、金銭債権等ならば、自ら直接取立てすることが明文で認められ（新法423の3）、取立て後、自己の債務者に対する債権と相殺することも禁止されてはいませんが（事実上の優先回収）、他方で、債権者が、債権者代位訴訟を提起したとしても、その後、債務者が当該債権を取り立て、若しくは、第三債務者が債務者に弁済することは妨げられないため、その意味では、債権者の権利が弱まっていると考えられます。

3　新・旧の適用判断

改正法附則18条1項において、新法の施行日前に生じた被代位権利に係る債権者代位権については、旧法が適用されることとされており、被代位権利の発生と新法施行日との先後で新法・旧法の適用を区分しています。

したがって、被保全債権が、新法施行日前に発生していても、被代位権利が、本ケースと異なり、2020年4月1日以降に発生している場合には、新法が適用されることとなります。

> ┌─ 実務の目 ─┐
>
> 解説の通り、新法では、債権者が被代位権利を行使した場合であっても、債務者は被代位権利について自ら取立てあるいは処分することができることとされたため、債権者は、それを防止しようとすれば、仮差押え等の保全手続を使う必要があります。

第2章　債権総則　　73

　　また、債務者に管理処分権が認められたことから、債権者代位
訴訟への債務者の訴訟参加の形態も問題となってきます。補助参
加、独立当事者参加（異論はあります。）のほか、共同訴訟参加が
可能となると考えられます。

【関連条文】

新　法

（債権者への支払又は引渡し）
第423条の3　債権者は、被代位権利を行使する場合において、被代位権利
　が金銭の支払又は動産の引渡しを目的とするものであるときは、相手方
　に対し、その支払又は引渡しを自己に対してすることを求めることがで
　きる。この場合において、相手方が債権者に対してその支払又は引渡し
　をしたときは、被代位権利は、これによって消滅する。
（債務者の取立てその他の処分の権限等）
第423条の5　債権者が被代位権利を行使した場合であっても、債務者は、
　被代位権利について、自ら取立てその他の処分をすることを妨げられな
　い。この場合においては、相手方も、被代位権利について、債務者に対し
　て履行をすることを妨げられない。
（被代位権利の行使に係る訴えを提起した場合の訴訟告知）
第423条の6　債権者は、被代位権利の行使に係る訴えを提起したときは、
　遅滞なく、債務者に対し、訴訟告知をしなければならない。

改正法附則

（債権者代位権に関する経過措置）
第18条　施行日前に旧法第423条第1項に規定する債務者に属する権利が生
　じた場合におけるその権利に係る債権者代位権については、なお従前の
　例による。
2　〔省略〕

第2章　債権総則

第2　詐害行為取消権

ケース16　詐害行為取消権の被保全債権

施行日前の原因により発生した被保全債権による詐害行為取消の可否

　当社は、A銀行との間で、新法施行日前の2019年3月より、主債務者Bの借入債務について連帯保証する契約を締結しており、Bが経営破綻したことから、新法施行日後の2020年6月に、A銀行からの請求により、保証債務を履行しました。ところが、Bは、新法施行日前の2020年3月、無資力状態にありながら、唯一の財産である甲不動産をその事情を知っているCに無償で譲渡していました。

　新法では、被保全債権は、詐害行為の「前の原因に基づいて生じたものである場合」とされていますが、当社は、新法が適用され、詐害行為取消請求をすることができるのでしょうか。

> **回　答**　「旧法」が適用されます。

　改正法附則19条において、新法の施行日前に詐害行為がなされた場合は、その行為に係る詐害行為取消権については、旧法が適用されることとされています。

　本ケースでの詐害行為は、新法施行日前の2020年3月に行われていますので、旧法が適用されます。

第 2 章　債権総則

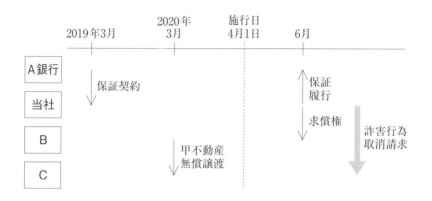

解　説

1　旧法の規定内容

　被保全債権の要件として、旧法下では、詐害の対象行為の前に生じた場合でなければならないとするのが判例であり、支配的見解であるとされてきました（大判大6・1・22民録23・8）。これは、詐害行為後に生じた債権については、債権者は詐害行為後の減少した財産しか責任財産として期待していないという理由によるものと考えられますが、旧法下でも、判例は、詐害行為後に発生した遅延損害金や延滞税債権を被保全債権として認めてきました（最判昭35・4・26民集14・6・1046、最判平元・4・13金法1228・34、最判平8・2・8判時1563・112）。

2　新法の規定内容と旧法との違い

　新法では、旧法下の判例の考え方を一般化して、被保全債権が詐害行為の「前の原因に基づいて生じた」債権であれば、詐害行為以降に発生した場合であっても被保全債権として認めました（新法424③）。これは、詐害行為時点で債権発生の原因がある場合は、債権者に、債務者の詐害行為時の財産に責任財産としての合理的な期待があり、それ

を認めてもいいという趣旨ですが、一般に、旧法下に比べて、本ケースのような詐害行為前に委託保証がある場合の詐害行為後の事後求償権にも、被保全債権の範囲が拡大されたものと考えられています。

また、被保全債権の要件という点で、詐害行為取消権が強制執行の準備という位置付けであることを踏まえて、「強制執行により実現することができないもの」でないことも明文化されました（新法424④）。

3　新・旧の適用判断

改正法附則19条において、新法の施行日前に詐害行為がなされた場合は、その行為に係る詐害行為取消権については、旧法が適用されることとされています。

本ケースでの詐害行為は新法施行日前に行われているため、旧法が適用されます。

本ケースで、詐害行為が新法の施行日後になされた場合は、被保全債権の原因である保証契約締結が新法施行日前であっても、新法が適用され、原因である保証契約締結が詐害行為より前であれば、詐害行為取消請求が認められることになります。

実務の目

新法で導入された「前の原因」という概念は、差押えと相殺（新法511②）、債権譲渡と相殺（新法469②一）の場面でも同様に導入されています。

しかし、相殺の場合の「前の原因」の解釈については、破産債権の定義である破産法2条5項の解釈を参考とする考え方もありますが、むしろ相殺禁止の破産法71条2項を参考に相殺の合理的期待の有無により解釈する考え方も主張されています。

第2章 債権総則 77

　ここでの「前の原因」の解釈としては、強制執行の準備段階である詐害行為取消の被保全債権を選別する基準としての「前の原因」であり、相殺の場合とはまた別の考慮があるものと指摘されています。

【関連条文】

新 法

（詐害行為取消請求）

第424条　債権者は、債務者が債権者を害することを知ってした行為の取消しを裁判所に請求することができる。ただし、その行為によって利益を受けた者（以下この款において「受益者」という。）がその行為の時において債権者を害することを知らなかったときは、この限りでない。

2　前項の規定は、財産権を目的としない行為については、適用しない。

3　債権者は、その債権が第1項に規定する行為の前の原因に基づいて生じたものである場合に限り、同項の規定による請求（以下「詐害行為取消請求」という。）をすることができる。

4　債権者は、その債権が強制執行により実現することのできないものであるときは、詐害行為取消請求をすることができない。

改正法附則

（詐害行為取消権に関する経過措置）

第19条　施行日前に旧法第424条第1項に規定する債務者が債権者を害することを知ってした法律行為がされた場合におけるその行為に係る詐害行為取消権については、なお従前の例による。

78 第2章 債権総則

ケース17 相当対価売買の詐害行為取消

施行日前の相当対価での不動産売買を、施行日後に登記した場合の詐害行為取消の可否

　当社は、2020年1月に、Aに対して金銭を貸し付けたところ、Aは、無資力状態であるにもかかわらず、唯一の財産である甲不動産について新法施行日前の2020年3月、Bとの間で相当価格での売買契約を締結し、2020年6月に所有権移転登記をするとともに、それと引換えに売却代金を受領しました。Bは、契約当時、代金はAの運転資金に使用すると聞いていましたが、Aは代金をAが何らの債務も負担していない家族の借入返済に充当してしまいました。

　当社が、甲不動産の売却について、詐害行為取消請求を行うに当たり、新法は適用されるのでしょうか。

回　答　「旧法」が適用されます。

　改正法附則19条において、新法の施行日前に詐害行為がなされた場合は、その行為に係る詐害行為取消権については、旧法が適用されることとされています。

　本ケースでの詐害行為は、新法施行日前の2020年3月に行われていますので、旧法が適用されます。

第2章　債権総則

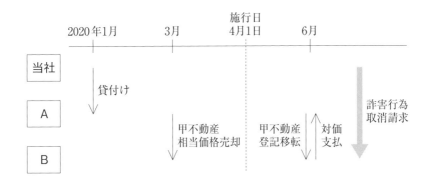

解　説

1　旧法の規定内容

旧法下での判例の立場では、不動産を費消又は隠匿しやすい金銭に代えることは原則として詐害行為になるが、代金を「有用な資」に充てるなどの正当な目的・動機によるときは、詐害行為とはならない（最判昭41・5・27民集20・5・1004等）とされていました。

破産法では、平成16年の否認権の改正により、原則と例外が転換され、破産者が対価として得た財産を隠匿、無償の供与その他の債権者を害する処分をする意思を有しており、かつ、そのような破産者の意思をその行為の相手方が知っていた場合に、否認することができるとされました（破産161①）。

上記破産法の改正により、詐害行為取消権の判例も変更されたと解釈する立場もありますが、明確ではありません。

2　新法の規定内容と旧法との違い

破産法では、平成16年の改正により、否認の要件について、予測可能性を高め、取引の萎縮効果等を避ける趣旨から、否認対象行為類型ごとに要件が明確化されました。その結果、債権者平等が強く求めら

れる倒産手続では否認できない行為が、責任財産保全段階での詐害行為取消の対象となるという状況、いわゆる「逆転現象」が生じ、不合理だと指摘されていました。

相当対価による財産処分についても、破産法161条と同様の枠組みとして、原則取消しを否定しつつ、①その行為が、不動産の金銭への換価その他の当該処分による財産の種類の変更により、債務者において隠匿、無償の供与その他の債権者を害することとなる処分（「隠匿等の処分」）をするおそれを現に生じさせるものであること、②債務者が、その行為の当時、対価として取得した金銭その他の財産について、隠匿等の処分をする意思を有していたこと、③受益者が、その行為の当時、債務者が隠匿等の処分をする意思を有していたことを知っていたことの全てを満たす場合に、例外的に、詐害行為を認めることとしました（新法424の2）。

なお、上記破産法の改正により、詐害行為取消についての判例が転換されたと解する立場からは、新法によりその解釈が明文化されたものと理解されます。

また、いわゆる「同時交換的行為」についても、本規律によるものと理解されています。

3　新・旧の適用判断

改正法附則19条において、新法の施行日前に取消しの対象となる行為が行われている場合は、旧法が適用されることとされており、取消対象行為（詐害行為）の時期と施行日との先後で新法・旧法の適用を区分しています。

本ケースでは、不動産の所有権移転登記は施行日後ですが、売買契約そのものは新法施行日前ですので、旧法が適用されるものと考えられます。

第2章　債権総則　　　　81

　契約行為とは切り離して、対抗要件具備行為のみ詐害行為取消でき
ないかという点は、旧法下の判例は否定しており（最判昭55·1·24民集34·
1·110)、債権法改正後も、引き続き解釈に委ねられている事項です。

実務の目

　解説のとおり、旧法下で相当対価による財産処分に関する判例
が転換したという立場からは、改正前後で実質的な変更はありま
せんが、新法施行日前に不動産売買等の取引をするに際しては、
旧法下の判例の基準で判断しておくほうが無難であると考えられ
ます。

【関連条文】

新　法

（相当の対価を得てした財産の処分行為の特則）

第424条の2　債務者が、その有する財産を処分する行為をした場合におい
　て、受益者から相当の対価を取得しているときは、債権者は、次に掲げる
　要件のいずれにも該当する場合に限り、その行為について、詐害行為取
　消請求をすることができる。
　一　その行為が、不動産の金銭への換価その他の当該処分による財産の
　　種類の変更により、債務者において隠匿、無償の供与その他の債権者
　　を害することとなる処分（以下この条において「隠匿等の処分」とい
　　う。）をするおそれを現に生じさせるものであること。
　二　債務者が、その行為の当時、対価として取得した金銭その他の財産
　　について、隠匿等の処分をする意思を有していたこと。
　三　受益者が、その行為の当時、債務者が隠匿等の処分をする意思を有
　　していたことを知っていたこと。

82 第2章 債権総則

改正法附則

（詐害行為取消権に関する経過措置）

第19条 施行日前に旧法第424条第1項に規定する債務者が債権者を害することを知ってした法律行為がされた場合におけるその行為に係る詐害行為取消権については、なお従前の例による。

○破産法

（相当の対価を得てした財産の処分行為の否認）

第161条 破産者が、その有する財産を処分する行為をした場合において、その行為の相手方から相当の対価を取得しているときは、その行為は、次に掲げる要件のいずれにも該当する場合に限り、破産手続開始後、破産財団のために否認することができる。

一 当該行為が、不動産の金銭への換価その他の当該処分による財産の種類の変更により、破産者において隠匿、無償の供与その他の破産債権者を害することとなる処分（以下「隠匿等の処分」という。）をするおそれを現に生じさせるものであること。

二 破産者が、当該行為の当時、対価として取得した金銭その他の財産について、隠匿等の処分をする意思を有していたこと。

三 相手方が、当該行為の当時、破産者が前号の隠匿等の処分をする意思を有していたことを知っていたこと。

2 〔省略〕

ケース18　偏頗弁済の詐害行為取消
施行日前の被保全債務による偏頗弁済の詐害行為取消の可否

　当社は、施行日である2020年4月1日以前より、Ａに対して金銭を貸付けしたところ、Ａは、新法施行日後の2020年4月末日に、無資力状態であるにもかかわらず、その事情を知っているＢと共謀して、弁済期にあるＢの債務を弁済していますが、この時点では、まだ、Ａは支払不能の状態とまではいえませんでした。

　その後、Ａは、手形の不渡りを出して、支払不能の状態となり、現在に至っています。当社は、Ｂへの弁済について、詐害行為取消請求を行おうと考えていますが、新法は適用されるのでしょうか。

回答　「新法」が適用されます。

　改正法附則19条において、新法の施行日前に詐害行為がなされた場合は、その行為に係る詐害行為取消権については、旧法が適用されることとされています。

　本ケースでの詐害行為は、新法施行日後の2020年4月に行われていますので、新法が適用されます。

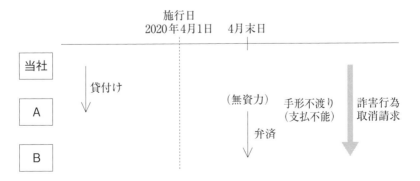

84　　　第2章　債権総則

解　説

1　旧法の規定内容

　旧法下での判例では、「弁済は、原則として詐害行為とならず、唯、債務者が一般債権者と通謀し、他の債権者を害する意思をもって弁済したような場合にのみ詐害行為となるにすぎない」（最判昭33・9・26民集12・13・3022）としていました。これは、債権者平等が強制されるのは、強制執行や破産の場合であって、その準備段階である詐害行為取消では働かないが、債務者が一般債権者と通謀し、他の債権者を害する意思をもって弁済したような場合には、他の債権者を故意に害する点で詐害行為性を有するとするものです。

　破産法では、平成16年の改正で、破産債権者間の債権者平等が要請されるのは、債務者が支払不能状態にあるからであるとして、原則として、支払不能前の行為の効力は否定されないこととされました。

　その結果、詐害行為取消権では、通謀的害意があれば、支払不能以前の債務消滅行為においても詐害行為の対象となることになるため、債権者平等が強く求められる倒産手続では否認できない行為が、責任財産保全段階での詐害行為取消の対象となるという状況、いわゆる「逆転現象」が生じ、不合理だとの指摘もなされていました。

2　新法の規定内容と旧法との違い

　新法では、債務消滅行為の取消しの要件として、①行為が、債務者が支払不能の時に行われたものであること、②行為が、債務者と受益者とが通謀して他の債権者を害する意図をもって行われたものであること、の2要件を満たすときに、詐害行為となるとしています（新法424の3①）。

　①は、破産法の支払不能基準、②は従来の判例法理の要件でありますが、考え方として、どちらに軸を置くのか、つまり、破産法同様支

第2章　債権総則　　　85

払不能をベースに通謀的害意の②の要件を加重したものと捉えるのか、それとも通謀的害意を取消しの根拠としつつ、逆転現象の解消という観点より①の支払不能基準を加重したものと捉えるか、どちらの考え方もあり得るように思われます。

3　新・旧の適用判断

　改正法附則19条において、新法の施行日前に取消しの対象となる行為が行われている場合は、旧法が適用されることとされており、取消対象行為（詐害行為）の時期と施行日との先後で新法・旧法の適用を区分しています。

　したがって、取消対象行為が、新法施行日2020年4月1日より後に行われている場合には、当然、新法が適用されることとなります。

┌─── 実務の目 ───┐

　解説のとおり、新法では、支払不能要件と通謀的害意の要件の両方が要求されることになります（成立を肯定した判例は見当たらないとされています。）。

　支払不能要件を導入した新法下において、「債務者と受益者とが通謀して他の債権者を害する意図をもって行われた」とする要件が、今後どのように解釈されるかは、改めて注意を要するものと考えられます。

└─────────────┘

【関連条文】

新法

（特定の債権者に対する担保の供与等の特則）

第424条の3　債務者がした既存の債務についての担保の供与又は債務の消

減に関する行為について、債権者は、次に掲げる要件のいずれにも該当する場合に限り、詐害行為取消請求をすることができる。

一 その行為が、債務者が支払不能（債務者が、支払能力を欠くために、その債務のうち弁済期にあるものにつき、一般的かつ継続的に弁済することができない状態をいう。次項第1号において同じ。）の時に行われたものであること。

二 その行為が、債務者と受益者とが通謀して他の債権者を害する意図をもって行われたものであること。

2 〔省略〕

┃改正法附則┃

（詐害行為取消権に関する経過措置）

第19条 施行日前に旧法第424条第1項に規定する債務者が債権者を害することを知ってした法律行為がされた場合におけるその行為に係る詐害行為取消権については、なお従前の例による。

第2章　債権総則　　　　　　　　　　　　　　　　87

ケース19　詐害行為取消の効力
施行日後の転得者に対する詐害行為取消の効力

　A社は、施行日前である2020年1月より、Bに対して5,000万円の売掛債権を有していましたが、Bは、施行日前の2020年3月に、無資力状態であるにもかかわらず、唯一価値のある機械甲（時価3,000万円）を、Bの事情を知っているCに100万円で売却しました。

　当社は、施行日後に、CがBから購入した事情を知った上で、甲をCから200万円で購入したのですが、Aから詐害行為取消請求されて、甲をAに引き渡した場合に、当社は、新法により、Bに100万円の返還を求めることができるのでしょうか。

回　答　「旧法」が適用されます。

　改正法附則19条において、新法の施行日前に詐害行為がなされた場合は、その行為に係る詐害行為取消権については、旧法が適用されることとされています。

　本ケースでの詐害行為であるBC間の売買は、新法施行日前の2020年3月に行われていますので、新法は適用されません。

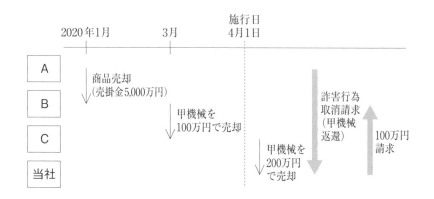

解　説

1　旧法の規定内容

　旧法下での判例では、詐害行為取消の効力は、取消債権者と取消請求の相手方（受益者若しくは転得者）との間でのみ生じるもので、債務者には効力は及ばない（相対的取消）とされてきましたが、この判例法理に対しては、例えば、不動産が逸出したときに、取消しにより登記名義が債務者に戻り、債務者の責任財産として強制執行できるということと相対的取消とは整合しないとの批判がありました。

　そして、相対的取消を前提とした場合、詐害行為取消により取消債権者に対して返還した受益者ないし転得者が、債務者に対して、支払った対価の返還請求ができるのかということが問題となります。この点、旧法下の解釈としても返還請求を認める考え方もありますが、相対的効力と整合しないと指摘されています。取消債権者若しくは債務者に財産が返還されても、債務者との関係では、受益者・転得者の所有であり、それが実際に換価されて取消債権者の弁済に充当され、債務が消滅したことにより、その時点で、不当利得返還請求権が発生するとする考え方が有力に主張されていましたが、判例法理上は、明確ではありませんでした。

第2章　債権総則　　89

2　新法の規定内容と旧法との違い

　新法では、旧法下での議論を踏まえて、債務者にも取消しの効力が及ぶこととしました（新法425）。

　そして、債務者がした財産処分行為が取り消されたときは、受益者は、債務者に対し、反対給付の返還を請求できることとし、反対給付の返還が困難な場合は、その価額の償還を請求することができることとを明文化しました（新法425の2）。

　また、債務者がした財産処分行為が、転得者に対する詐害行為取消請求によって取り消されたときは、その転得者がその前者から財産を取得するためにした反対給付又は前者から取得することによって消滅した債権の価額を限度として、その行為が受益者に対する詐害行為取消請求によって取り消された場合に受益者が債務者に対して取得する権利を行使することができるものとされました（新法425の4一）。

　なお、受益者が詐害行為により逸出した財産またその価額を取消権者又は債務者に対して返還することが先履行となるか否かについて、法制審議会の民法（債権関係）部会の審議においては、受益者からの現物返還の場面にでは、受益者の現物返還を先履行としつつ、受益者が債務者に対して金銭での反対給付を請求する場面では、差額償還の余地を残したものと説明されていますが（部会資料79−3　20頁）、議論のあるところです。

3　新・旧の適用判断

　改正法附則19条において、新法の施行日前に取消しの対象となる行為が行われている場合は、旧法が適用されることとされており、取消対象行為（詐害行為）時期と施行日との先後で新法・旧法の適用を区分しています。

　転得者への転売が新法施行日以降であっても、取り消される債務者

90　　　　第2章　債権総則

の行為が、新法施行日前である場合は、新法は適用されないこととなります。転得者に対する取消請求も、取り消される行為は債務者の行為であり、転売行為ではないことは言うまでもありません。

┌─────────── 実務の目 ───────────┐

　解説の通り、新法では、詐害行為取消の効果が債務者にも及ぶこととされましたが、債務者を被告とするわけではなく、債務者の手続保障として、債務者に対して遅滞なく訴訟告知をすることとされました（新法424の7②）。

　なお、債務者にも効力が及ぶということは、訴訟が確定すれば、債務者も受益者に返還請求することができ、受益者も債務者に返還することができることとなります。一方で、従来の判例に従い、取消債権者が金銭の支払又は動産の引渡しを求めるときは、自己に直接支払又は引渡請求できる旨が明文化されましたが、他方、上記のとおり、債務者にも支払が可能となると、それを阻止するためには、取消債権者は債務者の受益者に対する返還請求権に仮差押えをすること等が必要になります。この場合、受益者は、供託することが考えられますし、更に、自らも債務者に対する反対給付の返還請求権を被保全債権として、仮差押えをすることも考えられます。こうなりますと、取消債権者は、優先弁済は受けられないことになります。

└─────────────────────────────┘

【関連条文】

新　法

（認容判決の効力が及ぶ者の範囲）
第425条　詐害行為取消請求を認容する確定判決は、債務者及びその全ての

第2章　債権総則　　91

　債権者に対してもその効力を有する。
（債務者の受けた反対給付に関する受益者の権利）
第425条の2　債務者がした財産の処分に関する行為（債務の消滅に関する
　行為を除く。）が取り消されたときは、受益者は、債務者に対し、その財
　産を取得するためにした反対給付の返還を請求することができる。債務
　者がその反対給付の返還をすることが困難であるときは、受益者は、そ
　の価額の償還を請求することができる。
（詐害行為取消請求を受けた転得者の権利）
第425条の4　債務者がした行為が転得者に対する詐害行為取消請求によっ
　て取り消されたときは、その転得者は、次の各号に掲げる区分に応じ、そ
　れぞれ当該各号に定める権利を行使することができる。ただし、その転
　得者がその前者から財産を取得するためにした反対給付又はその前者か
　ら財産を取得することによって消滅した債権の価額を限度とする。
　一　第425条の2に規定する行為が取り消された場合　その行為が受益者
　　に対する詐害行為取消請求によって取り消されたとすれば同条の規定
　　により生ずべき受益者の債務者に対する反対給付の返還請求権又はそ
　　の価額の償還請求権
　二　前条に規定する行為が取り消された場合（第424条の4の規定により
　　取り消された場合を除く。）　その行為が受益者に対する詐害行為取消
　　請求によって取り消されたとすれば前条の規定により回復すべき受益
　　者の債務者に対する債権

　改正法附則

（詐害行為取消権に関する経過措置）
第19条　施行日前に旧法第424条第1項に規定する債務者が債権者を害する
　ことを知ってした法律行為がされた場合におけるその行為に係る詐害行
　為取消権については、なお従前の例による。

92   第2章　債権総則

第4節　多数当事者の債権債務

ケース20　連帯保証人に対する請求

連帯保証人に対する請求と主債務者に対する債権の消滅時効

当社は、施行日3か月前に発生した売掛金について、主債務者が行方不明になったため、連帯保証人に対して履行の請求をして時効の中断をしてきました。施行日後も、連帯保証人に履行の請求をしようと考えていますが、新法と旧法のどちらが適用されるのでしょうか。

回　答	「旧法」が適用されます。

本ケースは施行日前に連帯保証債務が成立していますから、改正法附則20条2項・21条1項により、旧法が適用され、連帯保証人に履行の請求をすることで主債務者の時効も中断します。

なお、施行日後に成立した連帯保証債務については、新法が適用されます。したがって、連帯保証人に請求することでは、主債務者に対する売掛金債権の消滅時効の完成猶予・更新となりませんので、注意が必要です。

施行日3か月前　　　　　　　　　　　　　　　　　　連帯保証人に
　売掛金発生　　　　　　　　　　　施行日　　　　　　　　請求

第2章　債権総則　　93

解　　説

1　新法の規定内容と旧法との違い

連帯債務に関して、旧法434条は、連帯債務者の一人に対する履行の請求を絶対的効力事由として、他の連帯債務者に対しても、その効力を生ずると規定していました。しかし、新法は相対的効力事由としました（新法441本文）。

これと併せて、連帯保証人については、旧法458条は、連帯債務に関する規定（旧法434〜440）を準用し、連帯保証人について生じた事由は、原則として、主債務者に対してはその効力を生じないとし、履行の請求、更改、相殺、免除及び混同は、主債務者に対してもその効力を生ずると規定していました。

これに対して、新法は、①連帯保証人に対する履行の請求は主債務者に対してその効力を生じないとしました。また、②債権者及び主債務者が別段の意思を表示していた場合には、連帯保証人に生じた事由（履行の請求や時効の完成等）の主債務者に対する効力は、その意思に従うと規定しています（新法458・441）。

2　連帯保証人に対する請求

新法においては、連帯保証人に対する請求は、主債務者に対する債権の消滅時効の完成猶予・更新となりません。

連帯保証人が主債務者に対する債権の消滅時効を援用し、付従性により、連帯保証債務も消滅するおそれがあります。

したがって、主債務者に対する債権の消滅時効を完成猶予・更新しておく必要があります。

3　新・旧の適用判断

　本ケースでは、施行日前に連帯保証債務が成立していることから、改正法附則20条2項・21条1項より、旧法が適用されます。

実務の目

　連帯保証人に対する請求で、主債務者に対する債権の消滅時効を完成猶予・更新することを考える場合、特約（新法458・441ただし書「別段の意思」）を締結しておく必要があると考えられます。

【関連条文】

新　法

（相対的効力の原則）

第441条　第438条、第439条第1項及び前条に規定する場合を除き、連帯債務者の一人について生じた事由は、他の連帯債務者に対してその効力を生じない。ただし、債権者及び他の連帯債務者の一人が別段の意思を表示したときは、当該他の連帯債務者に対する効力は、その意思に従う。

（連帯保証人について生じた事由の効力）

第458条　第438条、第439条第1項、第440条及び第441条の規定は、主たる債務者と連帯して債務を負担する保証人について生じた事由について準用する。

改正法附則

（不可分債権、不可分債務、連帯債権及び連帯債務に関する経過措置）

第20条　①　〔省略〕

2　施行日前に生じた旧法第430条に規定する不可分債務及び旧法第432条に規定する連帯債務（これらの原因である法律行為が施行日前にされたものを含む。）については、なお従前の例による。

第2章　債権総則　　95

3　〔省略〕

（保証債務に関する経過措置）

第21条　施行日前に締結された保証契約に係る保証債務については、なお従前の例による。

2・3　〔省略〕

ケース21　共同不法行為者の免除と求償関係

施行日前に発生した交通事故の共同不法行為者について、施行日後に被害者が共同不法行為者の一人と和解をした場合の求償関係

私（B）は、施行日前に、Cと衝突事故を起こした結果、被害者（A）に怪我をさせてしまいました。Aは、私とCに対して、共同不法行為者として不法行為に基づく損害賠償請求の訴訟を提起しました。私は、Aとの間で、和解解決をしようと考えていますが、Cは和解に応じようとしていません。施行日後に和解する場合、新法と旧法のどちらが適用されるのでしょうか。

回　答　「旧法」が適用されます。

施行日前の事故でBC間の不真正連帯債務が発生していると考えられます。したがって、改正法附則20条2項により旧法が適用されます。

和解の際のBCの取扱いについて、旧法と新法で変更点がありますから、注意が必要です。

解　説

1　連帯債務の免除と求償との関係

(1)　旧法437条は、連帯債務者の一人に対する債務の免除を絶対的

効力事由であるとしていました。そして、その連帯債務者の負担部分についてのみ、他の連帯債務者の利益のためにも、その効力を生ずるとしていました。

しかし、新法では、相対的効力事由としています（新法441本文）。

（2）　新法では、連帯債務者の一人に対する免除の効力が相対効であることを前提に、他の連帯債務者は、免除があった連帯債務者に対し求償の請求をすることができる旨を規定しました（新法445）。

新法では、上述のとおり、連帯債務者の一人に対する債務の免除を相対的効力事由としています。

債権者は、債務の免除をしていない他の連帯債務者に対して、連帯債務の全部の履行を請求することができます。

この他の連帯債務者が弁済をしたにもかかわらず、債務の免除を受けた連帯債務者に求償権を行使することができないと、弁済した他の連帯債務者は、自らの負担部分を超えて負担することになってしまいます。

そこで、新法445条では、「連帯債務者の一人に対して債務の免除がされ、又は連帯債務者の一人のために時効が完成した場合においても、他の連帯債務者は、その一人の連帯債務者に対し、第442条第1項の求償権を行使することができる。」と規定しています（筒井健夫＝村松秀樹編著『一問一答・民法（債権関係）改正』125頁（商事法務、2018））。

2　新法の規定内容と旧法との違い

（1）　交通事故でAに5,000万円の損害が発生し、加害者BとCが共同不法行為に基づく損害賠償責任を負担するケース（負担割合　B2：C3）

		（負担割合）	（負担部分）
A	和解 B	2	2,000万円
5,000万円			
損害	C	3	3,000万円

(2) 免除の意思表示の評価

まず、AによるBに対する免除の意思表示の評価が問題となり得ます。

連帯債務者がBとCの両名である場合に、債権者がB及びC双方の債務の免除をするために、その免除の意思表示を各別にすることは当然可能ですが、B及びC双方の債務を免除する意思表示をBのみに対してした場合に、直ちにCについても債務を免除する効力が生ずるのかは解釈論上問題となります。

旧法下の判例の中には、いわゆる不真正連帯債務に関してではあるものの、これを肯定することを前提とした判断をしたものがあるとされています（最判平10・9・10判時1653・101）。（筒井＝村松編著・前掲122頁）。

(3) 旧法を前提とした処理

ア 不真正連帯債務の求償には負担部分を超えた弁済が必要です（最判昭63・7・1判時1287・59、最判平3・10・25判時1405・29）。

イ AとB間で、2,500万円で和解したケース

B→C 500万円の求償権

C Aに対して支払残債務2,500万円

ウ AとB間で、1,500万円で和解したケース

B→C 求償権なし

C Aに対して残債務3,500万円支払

B に対して500万円求償できるか→できず（Cの支払に先立ってBが債務を免れている）（潮見佳男ほか編『詳解改正民法』236頁（商事法務、2018））

B：1,500万円負担で済む（＊1）

第2章　債権総則　　99

(4)　新法を前提とした処理

　ア　求償には負担部分を超えた弁済は不要です。負担割合で按分することになります。

　イ　AとB間で、2,500万円で和解したケース

　　　　B→C　　2,500万円×3/5　1,500万円の求償権

　　　　　　　　B1,000万円負担

　　　　C　　　残債務2,500万円支払

　　　　　　　　C→B　2,500万円×2/5　1,000万円の求償権

　　　　　　　　B：2,000万円負担となる

　ウ　AとB間で、1,500万円で和解したケース

　　　　B→C　　1,500万円×3/5　900万円の求償権

　　　　　　　　B600万円負担

　　　　C　　　残債務3,500万円支払

　　　　　　　　C→B　3,500万円×2/5　1,400万円の求償権

　　　　　　　　B：2,000万円負担となる（＊2）

　　　　　　　　この求償が可能

　Bは、Cからの求償に応じた上で、債権者Aに支払を求めることはできるか→Bは、特約等のない限り、債権者Aに対してはその求償相当額の支払を求めることはできません（筒井＝村松編著・前掲125頁）。

　エ　よって、Bは、和解した後に、Cから求償がなされるおそれがあり、AB間の和解により、Bの終局的な解決が図れないことになります。

　また、AとB間で1,500万円で和解したケースは、旧法（＊1）と新法（＊2）で、最終的なBの負担額が異なることになります。

　そこで、AB間の和解協議で終局的な解決を図ることを明確にする必要があります（潮見佳男ほか編・前掲230頁以下、筒井＝村松編著・前掲125頁、松本恒雄＝深山雅也「多数当事者の債権債務関係」ジュリスト1517号66頁以下）。

3 新・旧の適用判断

改正法附則20条2項は、「施行日前に生じた……旧法第432条に規定する連帯債務（これらの原因である法律行為が施行日前にされたものを含む。）については、なお従前の例による。」と規定しています。

本ケースでは、施行日前の事故により不真正連帯債務が発生しているため、旧法が適用されると考えられます。

実務の目

施行日後に発生した事故で、新法が適用されるような場合、先に和解をするＢの立場によれば、事後のＣからの求償を避けたいところです。

このような新法での対応については、「和解では、債権者が当該連帯債務者に対する免除のみならず、他の連帯債務者に対しても一定の範囲において免除を行う意思を有するか否か、ひいては、当該連帯債務者が他の連帯債務者から求償を受ける余地を残すか否かが、明確に読み取れるように和解条項等の文言について慎重な配慮が必要」と指摘されています（日本弁護士連合会編『実務解説改正債権法』201頁（弘文堂、2017））。

Ｃからの求償を防ぐためにはＡＢＣの三者の合意が必要ではないかとの指摘もあり（松本＝深山・前掲74頁）、今後の実務の動向を注視する必要があります。

【関連条文】

新 法

（相対的効力の原則）

第441条　第438条、第439条第1項及び前条に規定する場合を除き、連帯債務者の一人について生じた事由は、他の連帯債務者に対してその効力を

第2章　債権総則　　　101

生じない。ただし、債権者及び他の連帯債務者の一人が別段の意思を表
示したときは、当該他の連帯債務者に対する効力は、その意思に従う。
（連帯債務者の一人との間の免除等と求償権）
第445条　連帯債務者の一人に対して債務の免除がされ、又は連帯債務者の
一人のために時効が完成した場合においても、他の連帯債務者は、その
一人の連帯債務者に対し、第442条第1項の求償権を行使することができ
る。

|改正法附則|

（不可分債権、不可分債務、連帯債権及び連帯債務に関する経過措置）
第20条　①　〔省略〕
2　施行日前に生じた旧法第430条に規定する不可分債務及び旧法第432条
に規定する連帯債務（これらの原因である法律行為が施行日前にされた
ものを含む。）については、なお従前の例による。
3　〔省略〕

第5節　保証債務

ケース22　保証意思宣明公正証書の作成

施行日後に締結する事業のための個人保証について、施行日前に保証人が保証意思を宣明する公正証書を作成する方法

　事業資金を貸し付けるに当たり個人の保証人を付けて、施行日後に保証契約を締結したいと考えています。施行日の2週間前に保証債務を履行する意思を表示する公正証書を作成したいと考えていますが、新法と旧法のどちらが適用されるのでしょうか。

回　答　「新法」が適用されます。

　施行日前ですが、新法が適用され、公正証書の作成をすることができます。

　改正法附則21条2項において、保証人になろうとする者は、施行日前においても、新法465条の6第1項（新法465条の8第1項において準用する場合を含みます。）の公正証書の作成を嘱託することができると規定されています。また、改正法附則21条3項において、公証人は、同条2項の規定による公正証書の作成の嘱託があった場合には、施行日前においても、新法465条の6第2項及び465条の7（これらの規定を新法465条の8第1項において準用する場合を含みます。）の規定の例により、その作成をすることができると規定されています。

施行日2週間前　　　　　　　施行日　　　　　保証契約締結
公正証書作成

第2章　債権総則　　103

解　説

1　新法の規定内容と旧法との違い

　保証契約は、書面でしなければ効力を生じません（法446②）。2004年の民法改正で規定されました。これに加えて、新法では、事業のための債務についての第三者保証では下記の一定の場合に、公正証書による保証意思の確認が必要となりました。

① 事業のために負担した貸金等債務を主たる債務とする保証契約（新法465の6①）

② 主たる債務の範囲に事業のために負担する貸金等債務が含まれる根保証契約（新法465の6①）

③ 事業のために負担した貸金等債務を主たる債務とする保証契約又は主たる債務の範囲に事業のために負担する貸金等債務が含まれる根保証契約の保証人の主たる債務者に対する求償権に係る債務を主たる債務とする保証契約（新法465の8①前段）

④ 主たる債務の範囲に事業のための貸金等債務の保証に係る求償権に係る債務が含まれる根保証契約（新法465の8①後段）

　このように一定の場合には、保証契約の締結に先立ち、その締結の日の前1か月以内に作成された公正証書で保証人になろうとする者が保証債務を履行する意思を表示していなければ、その効力を生じないとされています。

　ただし、保証人になろうとする者が法人の場合は適用がありません（新法465の6③）。

2　適用除外

　(1)　保証人になろうとする者が次に掲げる者である保証契約については、公正証書の作成に関する規定（新法465の6～465の8）を適用しないとされています（新法465の9）。

① 主たる債務者が法人である場合のその理事、取締役、執行役又はこれらに準ずる者（1号）
② 主たる債務者が法人である場合、主たる債務者の総株主の議決権（株主総会において決議をすることができる事項の全部につき議決権を行使することができない株式についての議決権を除きます。以下③〜⑤において同じ。）の過半数を有する者（2号イ）
③ 主たる債務者が法人である場合、主たる債務者の総株主の議決権の過半数を他の株式会社が有する場合における当該他の株式会社の総株主の議決権の過半数を有する者（2号ロ）
④ 主たる債務者が法人である場合、主たる債務者の総株主の議決権の過半数を他の株式会社及び当該他の株式会社の総株主の議決権の過半数を有する者が有する場合における当該他の株式会社の総株主の議決権の過半数を有する者（2号ハ）
⑤ 株式会社以外の法人が主たる債務者である場合における②、③又は④に掲げる者に準ずる者（2号ニ）
⑥ 主たる債務者（法人であるものを除きます。以下⑥において同じ。）と共同して事業を行う者又は主たる債務者が行う事業に現に従事している主たる債務者の配偶者（3号）

（2）事業に現に従事している配偶者（新法465の9③）について、新法施行前後に生じ得る問題点について検討します。

　　ア　事業に従事しなくなった場合の取扱い

　新法施行日前で、保証契約締結前に、現に事業に従事していたため、1か月以内の公正証書の作成をしなかったが、保証契約締結直前に、事業に従事しなくなった場合の取扱いはどうなるでしょうか。

　保証契約直前に、事業に従事しなくなった以上、適用除外に該当しなくなりますから、保証意思宣明の公正証書の作成が必要になると考えられます。

第2章　債権総則　　105

　このような事態が予測される場合には、念のため、作成しておくことも検討しておくとよいでしょう。

　　イ　保証契約締結後、離婚した場合の取扱い

　保証契約締結後に離婚した場合の取扱いは、どうなるでしょうか。

　離婚によって、離婚前に負担していた保証債務が消滅するわけではありません。ただし、根保証の場合、特別解約権が問題となり得ます（宗宮英俊ほか『改正民法保証法：保証意思宣明公正証書を中心として』140頁（日本法令、2018）参照）。

　保証契約当時は、事業に現に従事している配偶者であったことに変わりありませんから、改めて保証意思宣明公正証書の作成も必要でないと考えられます。

3　公正証書の作成手続

　上述の保証人になろうとする者は、保証契約を締結する前に、保証意思宣明公正証書の作成を嘱託しておく必要があります（新法465の6①②）。この保証意思宣明公正証書は、保証契約締結の日前1か月以内に作成されている必要があります（新法465の6①）。

　公証人は、保証人になろうとする者本人の口授等を直接受けて作成しなければなりません（新法465の6②）。

　保証人になろうとする者は、公証人に対し、保証意思を宣明するため、主債務の内容など法定された事項を口頭で述べます（新法465の6①②一）。公証人は、保証人になろうとする者が口頭で述べた内容を筆記し、これを保証人になろうとする者に読み聞かせ、又は閲覧させます（新法465の6②二）。

　口頭で述べる必要がある具体的事項は、新法465条の6第2項1号に規定されています。

　保証人になろうとする者は、公証人が証書に記載した内容が正確な

ことを承認して署名押印するなどし、公証人は、その証書が法定の方式に従って作ったものである旨を付記して、これに署名押印して作成します（新法465の6②三・四）。

4 新・旧の適用判断

新法が適用されます。

施行日の2週間前とのことですから、改正法附則21条2項、3項の規定により、施行日前においても、保証人になろうとする者は公正証書の作成を嘱託することができ、公証人はその嘱託があった場合には、公証人役場で公正証書を作成することができます。

----- 実務の目 -----

保証契約の内容と公正証書との間に齟齬が生じた場合については、どのように考えられるでしょうか。

元本額が減少した場合、原則有効と考えられます。これに対して、元本額が増加した場合、原則として保証契約全体が無効と考えられます（宗宮ほか・前掲149頁参照）。

【関連条文】

新 法

（公正証書の作成と保証の効力）

第465条の6 事業のために負担した貸金等債務を主たる債務とする保証契約又は主たる債務の範囲に事業のために負担する貸金等債務が含まれる根保証契約は、その契約の締結に先立ち、その締結の日前1箇月以内に作成された公正証書で保証人になろうとする者が保証債務を履行する意思を表示していなければ、その効力を生じない。

2・3 〔省略〕

第2章　債権総則　　107

改正法附則

（保証債務に関する経過措置）

第21条　①　〔省略〕

2　保証人になろうとする者は、施行日前においても、新法第465条の6第1
　項（新法第465条の8第1項において準用する場合を含む。）の公正証書の
　作成を嘱託することができる。

3　公証人は、前項の規定による公正証書の作成の嘱託があった場合には、
　施行日前においても、新法第465条の6第2項及び第465条の7（これらの規
　定を新法第465条の8第1項において準用する場合を含む。）の規定の例に
　より、その作成をすることができる。

108　　第2章　債権総則

ケース23　継続的売買契約の根保証

継続的売買契約における代金債務の根保証と取引基本契約書
の取扱い

当社は、施行日前から、取引基本契約を締結して商品を供給し
ています。代金債権につき売掛先に連帯保証人を付けてもらって
います。個別の取引については、個別の契約書も作成しています。
新法では、個人根保証契約における極度額の定めや説明義務が定
められていると聞きました。施行日後に取引基本契約が更新され
る場合、連帯保証契約には、新法と旧法のどちらが適用されるの
でしょうか。

> **回　答**　「旧法」が適用されることが多いと考えられます。

売主と買主間で取引基本契約の更新合意や黙示の更新がなされるに
とどまり、連帯保証人との間で更新合意がなされていないような場合
には、新法施行日後に連帯保証人との間で新たな合意がなされたとみ
ることは難しく、保証人としても、売主買主間の将来の債務も保証す
る趣旨であることも多いと考えられ、改正法附則21条1項により、旧法
が適用されることが多いと考えられます。

取引基本契約書　　　　　　　　　　　　　　　　　　取引基本契約
（連帯保証人付き）　個別契約書　　　　施行日　　　　　更新

第2章　債権総則　　109

解　説

1　継続的契約の更新と新・旧適用の判断

　(1)　実務上、取引基本契約が締結されていることを前提に、取引ごとに個別契約が締結される場合があります。

　取引基本契約書に連帯保証人が付けられている場合、新法旧法の適用関係が問題になり得ます。

　(2)　基本契約と個別契約の関係

　基本契約で売買の目的物や代金などの取引条件が規定されているような場合、基本契約の締結時が基準になると考えられますが、個別契約で目的物や代金を特定する場合、個別契約締結時が基準になる可能性があります（青山大樹＝岡成明希子「売買取引基本契約」Business Law Journal 134号21頁）。

　(3)　継続的契約の合意更新、黙示の更新

　ア　取引基本契約を基準に考えるようなケースで、取引基本契約において、保証契約も併せて締結している場合に、取引基本契約が新法施行日後に合意更新された場合には、新法旧法のいずれが適用されるでしょうか。

　イ　まず、当事者間の合意による場合、契約更新の合意の時点で、更新後の契約について新法が適用されることへの期待があるといえるので、新法が適用されると考えられます（筒井健夫＝村松秀樹編著『一問一答・民法（債権関係）改正』383頁（商事法務、2018））。

　取引基本契約と併せて保証契約についても合意更新がなされた場合、保証契約にも新法が適用されます。

　ウ　では、期間満了時に両当事者のいずれかが異議を述べない限り、自動的に契約が更新される場合には、どうでしょうか。

　まず、取引基本契約については、契約期間満了までに契約を終了さ

せないという不作為があることをもって、更新の合意があったと評価することができるとされているようです（筒井＝村松編著・前掲384頁）。

したがって、基本的には、取引基本契約に新法が適用されることになると考えられます。

2　保証契約との関係

（1）　取引基本契約に更新の合意があったと評価される場合（1（3）ウの場合）、保証契約には新法が適用されるのでしょうか。例えば、主債務者の保証人に対する契約締結時の情報提供義務を負担することになるのでしょうか。

（2）　この点、賃貸借契約に付随して保証契約が締結されている場合について、「保証に関する規定（新法第446条以下）の改正については、保証契約の締結時を基準として新法が適用されるか否かが定まることになる。一般に、賃貸借に伴って締結される保証契約は、賃貸借契約が合意更新された場合を含めてその賃貸借契約から生ずる賃借人の債務を保証することを目的とするものであると解され（最高裁平成9年11月13日判決参照）、賃貸借契約の更新時に新たな保証契約が締結されるものではない。そうすると、賃貸借契約が新法の施行日以後に合意更新されたとしても、このような保証については、新法の施行日以後に新たに契約が締結されたものではないから、保証に関する旧法の規定が適用されることになる。なお、新法の施行日以後に、賃貸借契約の合意更新と共に保証契約が新たに締結され、又は合意によって保証契約が更新された場合には、この保証については、保証に関する新法の規定が適用されることになることは言うまでもない。」とされています（筒井＝村松編著・前掲384頁）。

保証契約についても、取引基本契約書に基づく更新後の買主の債務も保証するという趣旨である場合、施行日前の取引基本契約書で更新

第2章　債権総則　　111

後の債務を保証する契約も既に成立していることになりますから、旧法が適用されることになると考えられます（青山＝岡成・前掲22頁）。

また、更新合意があったと評価される時点では、新たな「委託をする」とは言えないことになるのではないかとも考えられます。

したがって、保証については、旧法が適用されることになると考えられます。

（3）　なお、個別契約で保証契約が締結されている場合（実務上は多くないと思われます。）は、施行日後の個別契約に基づく保証契約には、新法が適用されることになると考えられます。

> 実務の目
>
> 　連帯保証契約において、取引基本契約の更新後の債務を含めた連帯保証債務であることを明記することも検討するとよいでしょう。

【関連条文】

新　法

（契約締結時の情報の提供義務）

第465条の10　主たる債務者は、事業のために負担する債務を主たる債務とする保証又は主たる債務の範囲に事業のために負担する債務が含まれる根保証の委託をするときは、委託を受ける者に対し、次に掲げる事項に関する情報を提供しなければならない。

　一　財産及び収支の状況

　二　主たる債務以外に負担している債務の有無並びにその額及び履行状況

　三　主たる債務の担保として他に提供し、又は提供しようとするものがあるときは、その旨及びその内容

2　主たる債務者が前項各号に掲げる事項に関して情報を提供せず、又は

事実と異なる情報を提供したために委託を受けた者がその事項について誤認をし、それによって保証契約の申込み又はその承諾の意思表示をした場合において、主たる債務者がその事項に関して情報を提供せず又は事実と異なる情報を提供したことを債権者が知り又は知ることができたときは、保証人は、保証契約を取り消すことができる。

3　前2項の規定は、保証をする者が法人である場合には、適用しない。

改正法附則

（保証債務に関する経過措置）

第21条　施行日前に締結された保証契約に係る保証債務については、なお従前の例による。

2・3　〔省略〕

第2章 債権総則

ケース24　身元引受の効力
施行日前に身元引受書を提出させ、施行日後に本採用された身元引受の効力

当社では、内定時に身元引受書を提出させています。施行日前に内定し、施行日後に本採用した場合、身元引受に関して、新法と旧法のどちらが適用されるのでしょうか。

回　答　「旧法」が適用されます。

保証契約の性質を有する身元引受については、内定時に身元保証契約が成立し、改正法附則21条1項により、旧法が適用されると考えられます。

解　説

1　身元引受の種類と改正民法の適用
身元保証については、以下の2種類があると考えられています（西村信雄編『注釈民法(11)債権(2)』295頁（有斐閣、1965）参照）。

(1)　被用者に帰責事由がある損害賠償義務が発生した場合の保証
例えば、「○○が貴社との間の労働契約に違反し、又は故意、過失その他の責めに帰すべき事由により貴社に損害を与えたときは、私は○○と連帯して直ちにその損害を賠償します。」というような内容の場合です。

この場合、民法上の保証契約にも当たるため、身元保証ニ関スル法律のほか、民法の個人根保証の規定が適用されると考えられています（宗宮英俊ほか『改正民法保証法：保証意思宣明公正証書を中心として』77頁（日本法令、2018））。

極度額の定め（新法465の2②）、書面化又は電子記録化（新法446②③）が必要となります。

(2) 被用者の損害賠償義務の有無にかかわらず、使用者に与えた損害を補填するもの

例えば、「○○の業務上の不都合に関して、○○が責めを負担するか否かにかかわらず、貴社に生じた一切の費用、損害を補填します。」というような内容の場合です。

この場合、主たる債務の存在を前提としていないため、保証契約の一種と言えないため、民法上の保証の規定は適用されないと考えられているようです。

(3) なお、法制審議会の民法（債権関係）部会第98回会議議事録でも、筒井幹事発言として、以下の記載がなされています。「身元保証法の適用のある保証につきましても、それが根保証に該当すればということですが、多くのものは該当するのであろうと思いますので、今回の民法改正が行われた後は、極度額を定めなければ効力を生じないことになるのではないかと思います。」

2　採用内定の法的性質

事案ごとの判断になりますが、始期付解約権留保付労働契約と考えられています（最判昭54・7・20判時938・3）。

3　新・旧の適用判断

では、新法施行日前の採用内定時に提出した身元引受書には、旧法が適用されるのでしょうか。

第2章　債権総則　　　115

　新法施行日前に提出した身元引受書は、民法上の保証契約の性質を
もつ場合であっても、旧法時に契約が成立し、始期付きであると考え
られます。

　したがって、改正法附則21条1項により、旧法が適用されるものと考
えられます。

┌─────────── 実務の目 ───────────┐

　法制審議会の民法（債権関係）部会第98回会議議事録において
も、「身元保証の実務に混乱が生じないように十分な周知活動を
していく必要がある」と指摘されています。

　したがって、今後の実務の動向も注視する必要があります。

└──────────────────────────────┘

【関連条文】

改正法附則

（保証債務に関する経過措置）

第21条　施行日前に締結された保証契約に係る保証債務については、なお
　従前の例による。

2・3　〔省略〕

○身元保証ニ関スル法律

〔期間の定めのない身元保証契約の存続期間〕

第1条　引受、保証其ノ他名称ノ如何ヲ問ハズ期間ヲ定メズシテ被用者ノ行
　為ニ因リ使用者ノ受ケタル損害ヲ賠償スルコトヲ約スル身元保証契約ハ
　其ノ成立ノ日ヨリ3年間其ノ効力ヲ有ス但シ商工業見習者ノ身元保証契
　約ニ付テハ之ヲ5年トス

〔期間の定めのある身元保証契約の存続期間〕

第2条　身元保証契約ノ期間ハ5年ヲ超ユルコトヲ得ズ若シ之ヨリ長キ期間
　ヲ定メタルトキハ其ノ期間ハ之ヲ5年ニ短縮ス

② 身元保証契約ハ之ヲ更新スルコトヲ得但シ其ノ期間ハ更新ノ時ヨリ5
年ヲ超ユルコトヲ得ズ

〔使用者の通知義務〕
第3条 使用者ハ左ノ場合ニ於テハ遅滞ナク身元保証人ニ通知スベシ
　　一　被用者ニ業務上不適任又ハ不誠実ナル事跡アリテ之ガ為身元保証人
　　　　ノ責任ヲ惹起スル虞アルコトヲ知リタルトキ
　　二　被用者ノ任務又ハ任地ヲ変更シ之ガ為身元保証人ノ責任ヲ加重シ又
　　　　ハ其ノ監督ヲ困難ナラシムルトキ

〔保証人の契約解除権〕
第4条 身元保証人前条ノ通知ヲ受ケタルトキハ将来ニ向テ契約ノ解除ヲ
　　　　為スコトヲ得身元保証人自ラ前条第1号及第2号ノ事実アリタルコトヲ知
　　　　リタルトキ亦同ジ

〔保証責任の限度〕
第5条 裁判所ハ身元保証人ノ損害賠償ノ責任及其ノ金額ヲ定ムルニ付被
　　　　用者ノ監督ニ関スル使用者ノ過失ノ有無、身元保証人ガ身元保証ヲ為ス
　　　　ニ至リタル事由及之ヲ為スニ当リ用キタル注意ノ程度、被用者ノ任務又
　　　　ハ身上ノ変化其ノ他一切ノ事情ヲ斟酌ス

〔本法の強行規定性〕
第6条 本法ノ規定ニ反スル特約ニシテ身元保証人ニ不利益ナルモノハ総
　　　　テ之ヲ無効トス

第2章　債権総則　　117

第6節　債権譲渡・債務引受

第1　債権譲渡

ケース25　譲渡制限特約違反の債権譲渡の効力

施行日前に発生した譲渡制限特約付債権の施行日後の譲渡の効力

　当社は、A社との間で取引基本契約を締結し、同契約に基づき商品を継続的に販売してきました。同契約には、両者間の取引により生じた債権について譲渡禁止特約が付されています。しかし、当社は、施行日前である2020年3月20日に個別契約を締結し同日に商品も引き渡した売買代金債権を、施行日後である2020年4月5日に資金繰りの問題からやむなくB社に債権譲渡しました。

　旧法と新法では譲渡禁止特約付債権の譲渡の効力に違いがあると聞きましたが、今回、旧法と新法のどちらが適用されるのでしょうか。

回　答　　「新法」が適用されます。

　債権譲渡に関する規定については、改正法附則22条において、改正法の施行日前に債権譲渡契約などの債権譲渡の原因である法律行為がされた場合、施行日後もなお旧法の規定が適用されると規定されています。

　そして、本ケースのように、債権譲渡契約が施行日後になされた場合は、譲渡禁止特約及び譲渡債権の発生が施行日前であっても、改正法附則22条に該当せず、新法が適用されることとなります。

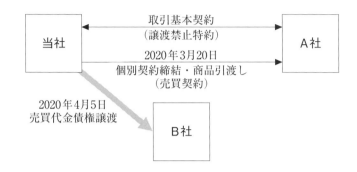

解 説

1 旧法の規定内容

　旧法では、債権譲渡について、まず、466条1項にて、債権の性質上許されない場合を除き、債権譲渡が可能である旨を規定しています。そして、同条2項にて、「前項の規定は、当事者が反対の意思を表示した場合には、適用しない。ただし、その意思表示は、善意の第三者に対抗することができない。」と規定し、本ケースのように譲渡禁止特約が付されている場合には、当該特約の存在を知っていた、又は、重大な過失により知らなかった第三者へ債権譲渡がなされても当該第三者は債権を取得し得ない、つまり当該債権譲渡が無効であるとされていました（最判昭48・7・19民集27・7・823）。

　なお、近年、資金調達のための債権譲渡の必要性が増すようになり、上記のように債権譲渡自体を無効とすることに疑問が呈されていました。

2 新法の規定内容と旧法との違い

　まず、新法でも466条1項については改正されておらず、旧法同様に債権の性質上許されない場合を除き、債権譲渡が可能である旨を規定しています。

第2章　債権総則　　119

　しかし、新法では、同条2項にて、「当事者が債権の譲渡を禁止し、又は制限する旨の意思表示（以下「譲渡制限の意思表示」という。）をしたときであっても、債権の譲渡は、その効力を妨げられない。」と規定し、本ケースのように譲渡禁止特約に違反した債権譲渡も有効である旨、明記されました。したがって、旧法の場合と異なり、当該特約の存在を知っていた、又は、重大な過失により知らなかった第三者への債権譲渡であっても有効となります。

　このように新法では、旧法と異なり債権の譲受人が譲渡を禁止又は制限する特約（以下「譲渡制限特約」といいます。）を知っていたか否かにより当該債権譲渡の有効・無効の帰趨が決せられることがなくなり、全て有効とされますので、取引の安定性に資するといえます。

　ただし、新法466条3項及び4項が新設され、譲渡制限特約の存在を知っていた、又は、重大な過失により知らなかった債権の譲受人に対し、債務者は、その債務の履行を拒むことができ、かつ、譲渡人に対する弁済その他の債務を消滅させる事由をもって対抗することができるとともに（新法466③）、債務者が譲受人への履行を拒みつつ、譲渡人に対しても履行をしない場合に備え、前記譲受人は債務者に対して、相当期間を定めて譲渡人への履行を催告し、その期間内に履行がないときは同条3項の規定を適用しないこととしました（新法466④）。

　このように、譲渡制限特約付債権の譲渡を常に有効としつつ、債務者の保護を図る規定が設けられました。

3　新・旧の適用判断

　以上のとおり、旧法では譲渡制限特約付債権の譲渡について無効とされることがありましたが、新法では譲渡制限特約が付されていても有効となるため、新・旧の適用判断は重要です。

　この点、新法の規定は、改正法附則22条において、改正法の施行日

前に債権の譲渡の原因である法律行為がされた場合におけるその債権の譲渡については、なお従前の例によるとして、旧法が適用されると規定されています。

つまり、譲渡される債権の発生時期や、譲渡制限特約の合意時期ではなく、債権譲渡契約などの債権の譲渡の原因である法律行為の時期が施行日の前後いずれかにより、旧法と新法のいずれが適用されるかが決せられることになります。

実務の目

以上のとおり、新法では、たとえ譲渡制限特約に反する譲渡がなされたとしても、債権譲渡自体は有効とされます。

したがって、譲渡制限特約が付された債権にかかる債権譲渡契約などは、施行日直前にあえて行うよりは、施行日後に行ったほうが得策であるといえます。

【関連条文】

旧　法

（債権の譲渡性）

第466条　債権は、譲り渡すことができる。ただし、その性質がこれを許さないときは、この限りでない。

2　前項の規定は、当事者が反対の意思を表示した場合には、適用しない。ただし、その意思表示は、善意の第三者に対抗することができない。

新　法

（債権の譲渡性）

第466条　債権は、譲り渡すことができる。ただし、その性質がこれを許さないときは、この限りでない。

第2章　債権総則　　121

2　当事者が債権の譲渡を禁止し、又は制限する旨の意思表示（以下「譲渡
制限の意思表示」という。）をしたときであっても、債権の譲渡は、その
効力を妨げられない。
3　前項に規定する場合には、譲渡制限の意思表示がされたことを知り、
又は重大な過失によって知らなかった譲受人その他の第三者に対して
は、債務者は、その債務の履行を拒むことができ、かつ、譲渡人に対する
弁済その他の債務を消滅させる事由をもってその第三者に対抗すること
ができる。
4　前項の規定は、債務者が債務を履行しない場合において、同項に規定
する第三者が相当の期間を定めて譲渡人への履行の催告をし、その期間
内に履行がないときは、その債務者については、適用しない。

改正法附則
（債権の譲渡に関する経過措置）
第22条　施行日前に債権の譲渡の原因である法律行為がされた場合におけ
るその債権の譲渡については、新法第466条から第469条までの規定にか
かわらず、なお従前の例による。

第2章　債権総則

> ケース26　譲渡禁止特約違反の債権の悪意の譲受人への譲渡（二重譲渡）

譲渡禁止特約付債権の施行日前後における悪意・重過失の者への二重譲渡の効力

　A社はB社に対して、貸付債権を有していましたが、同債権には譲渡禁止特約が付されていました。しかし、A社は、一時的に資金繰りの問題が生じ、同債権を、施行日後である2020年4月2日に、当社に譲渡したいと申し出てきたため、当社としては、同債権に譲渡禁止特約が付されていることを知っていましたが、同日、やむなく同債権を譲り受けました。

　ところが、A社は、施行日前である2020年3月25日に同債権を、譲渡禁止特約が付されていることを知っていたC社に既に譲渡しており、施行日後である2020年4月5日にB社に対しても確定日付ある証書にてC社への譲渡を通知していたようです。

　この場合、C社への債権譲渡も当社への債権譲渡も新法が適用されて原則譲渡が有効となり、C社が対抗要件を備えている以上、当社は同債権を取得できないことになるのでしょうか。

回　答	貴社への債権譲渡のみ「新法」が適用され、貴社が当該債権を取得します。

　改正法附則22条により、施行日前になされたC社への債権譲渡には旧法が適用され無効となり、施行日後になされた貴社への債権譲渡には新法が適用され有効となるため、先にC社への債権譲渡につき、C社が対抗要件を備えたか否かにかかわらず、貴社が当該債権を取得することとなります。

第2章　債権総則

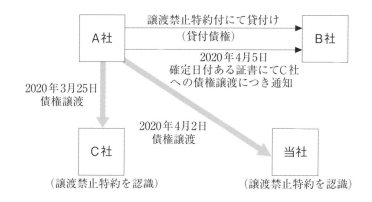

解　説

1　旧法及び新法の規定内容とその違い

前述（ケース25）のとおり、旧法では、譲渡禁止特約が付されている場合には、当該特約の存在を知っていた（悪意）、又は、重大な過失により知らなかった（重過失）第三者へ債権譲渡がなされても、当該債権譲渡が無効であるとされていました。

しかし、新法では、悪意・重過失の第三者への債権譲渡であっても、債務者保護のための制限を伴いますが、譲渡自体は有効となりました。

2　債権の二重譲渡の一般的帰結（対抗要件の具備）

債権が二重譲渡された場合、当該債権がどちらの譲受人に帰属するか（本ケースでは、C社と貴社のどちらに帰属するか）が問題となり、いずれも譲渡自体が有効であれば、どちらが先に対抗要件を備えるかにより、当該債権の終局的な帰属が決まります。

なお、債権譲渡の対抗要件の規定は、新法においても、判例を明文化するため、将来債権の譲渡も含まれる旨が明記されたのみであり、実質的な改正はされていません（新法467①）。

3 施行日前後における債権の二重譲渡の帰結

ところが、本ケースのように施行日前後に譲渡禁止特約が付された債権が二重に譲渡され、どちらの譲受人も譲渡禁止特約が付されていることを知っていた場合、改正法附則22条により、施行日前の譲渡は旧法により無効となり、施行日後の譲渡は、新法により有効となるため、どちらが先に対抗要件を備えたか否かにかかわらず、新法下での債権譲渡の譲受人が終局的に当該債権を取得することとなります。

┌─ 実務の目 ─┐

以上のとおり、譲渡禁止特約に反する譲渡がなされた場合、旧法では原則無効であったものが新法では有効とされるため、二重譲渡の場合に先の譲渡が施行日前になされ、後の譲渡が施行日後になされると、対抗要件の具備の前後にかかわらず後の譲渡の譲受人のみが債権を取得することがあり得ます。

したがって、譲渡禁止特約が付された債権が二重に譲渡された場合は、まず、それぞれの譲渡が施行日の前後いずれであるかに留意する必要があります。

【関連条文】

旧 法

（指名債権の譲渡の対抗要件）

第467条 指名債権の譲渡は、譲渡人が債務者に通知をし、又は債務者が承諾をしなければ、債務者その他の第三者に対抗することができない。

2 前項の通知又は承諾は、確定日付のある証書によってしなければ、債務者以外の第三者に対抗することができない。

第2章　債権総則　　　125

新　法

（債権の譲渡の対抗要件）

第467条　債権の譲渡（現に発生していない債権の譲渡を含む。）は、譲渡人
　が債務者に通知をし、又は債務者が承諾をしなければ、債務者その他の
　第三者に対抗することができない。

2　前項の通知又は承諾は、確定日付のある証書によってしなければ、債
　務者以外の第三者に対抗することができない。

改正法附則

（債権の譲渡に関する経過措置）

第22条　施行日前に債権の譲渡の原因である法律行為がされた場合におけ
　るその債権の譲渡については、新法第466条から第469条までの規定にか
　かわらず、なお従前の例による。

第2章 債権総則

ケース27 譲渡禁止特約違反の債権の悪意の譲受人への譲渡（次々譲渡）

譲渡禁止特約付債権の施行日前後における悪意・重過失の者への次々譲渡の効力

A社はB社に対して、貸付債権を有していましたが、同債権には譲渡禁止特約が付されていました。しかし、A社は、一時的に資金繰りの問題が生じ、同債権を、施行日前である2020年3月25日に、同債権に譲渡禁止特約が付されていることを知っていたC社に譲渡しました。そして、当社は、施行日後である2020年4月2日、同債権に譲渡禁止特約が付されていることを知っていましたが、事情によりC社から同債権を譲り受けました。

この場合、当社は譲渡禁止特約が付されていることを知っていましたが、新法が適用されることにより同債権を有効に取得することになるのでしょうか。

回 答 貴社への債権譲渡には「新法」が適用されますが、貴社が当該債権を取得することはできません。

改正法附則22条により、施行日前になされたC社への債権譲渡には旧法が適用され無効となります。他方、施行日後になされた貴社への債権譲渡には新法が適用されますが、C社への債権譲渡が無効となるため、貴社が当該債権を取得することはできません。

第2章 債権総則

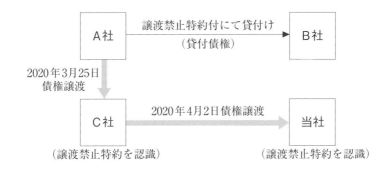

> 解 説

1 旧法及び新法の規定内容とその違い

前述（ケース25）のとおり、旧法では、譲渡禁止特約が付されている場合には、当該特約の存在を知っていた（悪意）、又は、重大な過失により知らなかった（重過失）第三者へ債権譲渡がなされても、当該債権譲渡が無効であるとされていました。

しかし、新法では、悪意・重過失の第三者への債権譲渡であっても、債務者保護のための制限を伴いますが、譲渡自体は有効となりました。

2 次々譲渡された場合の旧法と新法の違い

上述のとおり、旧法では、譲渡禁止特約につき悪意・重過失の場合、債権譲渡は無効ですので、本ケースのように旧法下で譲渡禁止特約につき悪意・重過失の者に債権が譲渡されるとその後の譲渡が施行日前後どちらであっても、いずれの債権譲渡もなされなかったこととなります。

他方、新法では、譲渡禁止特約が付されていることにつき悪意・重過失の第三者への債権譲渡であっても、譲渡自体は有効となりましたので、債務者保護のための制限を伴いながらも、新法下で債権が次々譲渡された場合には、いずれの債権譲渡も有効になされたこととなります。

3 本ケースにおける具体的判断

　改正法附則22条により債権譲渡の原因である法律行為が施行日の前後いずれになされたかにより旧法・新法の適用を区別しており、本ケースのように施行日の前後にまたがって次々譲渡された場合、旧法では、譲渡禁止特約につき悪意・重過失の場合、債権譲渡は無効ですので、新法での債権譲渡が有効となっても、旧法下で譲渡禁止特約につき悪意・重過失の者に譲渡された債権を譲渡する限り、新法下で更に当該債権を譲渡しても有効な債権譲渡とはなりません。

実務の目

　以上のとおり、新法で、譲渡禁止特約に反する債権譲渡も譲渡自体は有効とされましたが、その前になされた債権譲渡が旧法下でなされている場合、結果的に有効に譲り受けることはできません。

　したがって、譲渡禁止特約が付された債権を譲り受ける場合は、それまでの債権譲渡の経緯について十分に確認する必要があります。

【関連条文】

改正法附則

（債権の譲渡に関する経過措置）

第22条　施行日前に債権の譲渡の原因である法律行為がされた場合におけるその債権の譲渡については、新法第466条から第469条までの規定にかかわらず、なお従前の例による。

第２章　債権総則　　129

ケース28　将来債権の譲受人に対する譲渡制限合意の対抗

施行日前に債権譲渡及び債権譲渡登記がなされた将来債権に対して施行日後に譲渡制限合意をし、その後、債務者に対し債権譲渡通知がなされた場合の譲渡制限合意の対抗の可否

　A社は、B社に対する債務を担保するため、施行日前である2020年3月20日に、今後2年の間に当社に対して取得する請負代金債権を一括して譲渡し、債権譲渡登記を行ったようですが、当社は、施行日後である2020年4月20日にA社との間で同請負代金債権につき譲渡を禁止する旨の合意をし、同年同月27日、当社に、A社からの債権譲渡通知が到達しました。当社は、B社に対して譲渡禁止の合意を対抗したいのですが、新法466条の6第3項は適用されるのでしょうか。

回　答　「旧法」が適用されます。

　改正法附則22条により、施行日前になされた債権譲渡には旧法が適用され、新法466条の6第3項は適用されません。そして、旧法下では新法466条の6第3項に当たる規定がありませんので、新法同様に対抗できるとする裁判例もありますが、定まった見解はありません。

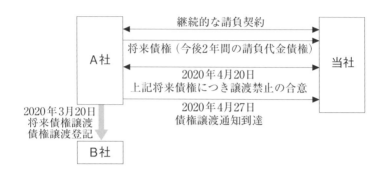

解　説

1　旧法の規定内容

(1)　旧法における将来債権の譲渡の効力

旧法では、債権譲渡が可能であることについては466条1項に規定されていましたが、将来発生する債権について、債権が発生する前に譲渡できるか否かについて、何ら規定されていませんでした。

他方、判例は、「将来の一定期間内に発生し、又は弁済期が到来すべき幾つかの債権を譲渡の目的とする場合には、適宜の方法により右期間の始期と終期を明確にするなどして譲渡の目的とされる債権が特定され」ていれば、将来発生する債権であっても、原則として譲渡可能であるとしました（最判平11・1・29民集53・1・151）。

(2)　旧法における将来債権譲渡後の譲渡制限合意の対抗

旧法では、将来発生する債権が譲渡された後に、債権者（譲渡人）と債務者との間で譲渡を禁止する旨の合意をした場合の規定がありませんでした。

そのため、下級審裁判例で、将来債権が譲渡され、かつ、対抗要件が具備された後に譲渡人と債務者とで譲渡制限特約を締結した場合、これを譲受人に対抗することができるとしたものがありますが（東京

第2章　債権総則　　131

地判平24・10・4判時2180・63)、定まった見解はなく、①債権譲渡時には、そもそも譲渡を禁止する旨の合意がされていなかったのだから、旧法466条2項ただし書により第三者である譲受人に対しては一切対抗できないとする見解、②そもそも第三者である譲受人が譲渡禁止の合意を知っていたか否かを議論する前提が欠けているのだから旧法466条2項ただし書は適用されず、常に、第三者である譲受人に対して対抗できるとする見解、③「将来発生する債権に譲渡禁止の合意が付されることが確実であるという事情」を知っていたか否かを旧法466条2項ただし書の適用の判断基準とする見解などが存在していました。

2　新法の規定内容と旧法との違い

　新法では、まず、債権譲渡の際に債権が現に発生していない債権の譲渡が可能であることが明文化され(新法466の6①)、そのように譲渡された債権の譲受人は債権の発生と共に当然に当該債権を取得する旨、規定されました(新法466の6②)。

　その上で、譲渡禁止特約が付されていなかった将来債権であっても、債権譲渡時から対抗要件を具備した時(債権譲渡した旨を債務者に通知したなど(新法467①))までの間に、譲渡制限特約が付されたときは、譲受人は当該譲渡制限特約につき知っていたものとみなされて新法466条3項の規定の適用を受ける、つまり、債務者は譲受人からの請求を拒むことができることが明確になりました(新法466の6③)。

3　新・旧の適用判断

　以上のとおり、旧法では将来発生する債権に関する規定がありませんでしたが、新法では規定が整備され、将来発生する債権が譲渡された後に、債権者(譲渡人)と債務者との間で譲渡を制限する旨の合意をした場合の取扱いが明確になりました。

132　　第２章　債権総則

　そして、改正法附則22条において、改正法の施行日前に債権の譲渡の原因である法律行為がされた場合におけるその債権の譲渡については、旧法が適用されると規定されています。

　したがって、債権譲渡通知が債務者である貴社に到達した時期が施行日後であり、貴社が債権譲渡を知ったのが施行日後であるとしても、債権譲渡の合意がされたのが施行日前であれば、旧法が適用され、譲渡制限が対抗できるか否かの判断は、難しくなります。

実務の目

　以上のとおり、たとえ貴社が債権譲渡を知ったのが施行日後であったとしても債権譲渡が施行日前になされていると旧法が適用されてしまいます。そのため、判断が分かれることになります。

　ただし、旧法において何ら規定がなく、新法において初めて規定された条文に関しては、旧法下での判断に新法の規定が影響することは十分に考えられ、上述のとおり譲渡禁止の合意を対抗できるとする裁判例があることも考えると、旧法下においても新法の規定同様に判断すべき、つまり、譲渡禁止の合意を対抗できると主張していくべきでしょう。

【関連条文】

　新　法

（将来債権の譲渡性）

第466条の6　①　〔省略〕

2　債権が譲渡された場合において、その意思表示の時に債権が現に発生していないときは、譲受人は、発生した債権を当然に取得する。

3　前項に規定する場合において、譲渡人が次条の規定による通知をし、又は債務者が同条の規定による承諾をした時（以下「対抗要件具備時」と

いう。）までに譲渡制限の意思表示がされたときは、譲受人その他の第三者がそのことを知っていたものとみなして、第466条第3項（譲渡制限の意思表示がされた債権が預貯金債権の場合にあっては、前条第1項）の規定を適用する。

（債権の譲渡の対抗要件）

第467条　債権の譲渡（現に発生していない債権の譲渡を含む。）は、譲渡人が債務者に通知をし、又は債務者が承諾をしなければ、債務者その他の第三者に対抗することができない。

2　〔省略〕

改正法附則

（債権の譲渡に関する経過措置）

第22条　施行日前に債権の譲渡の原因である法律行為がされた場合におけるその債権の譲渡については、新法第466条から第469条までの規定にかかわらず、なお従前の例による。

第2 債務引受

ケース29　　免責的債務引受における引受人の求償権
施行日前に債務者と引受人とで契約締結し、施行日後に債権者が承諾した免責的債務引受における引受人の求償権

　当社は、施行日前である2020年3月20日にＡ社との間で、Ｂ社がＡ社に対して有する売掛債権に係る債務を免責的債務引受する契約を締結し、施行日後である2020年4月5日に、Ｂ社がその債務引受の承諾をしました。その後、当社は、引き受けた債務を履行しＡ社に対して求償しました。ところが、Ａ社は、新法472条の3に基づき求償を拒否してきました。なお、当社とＡ社との間で債務引受の対価を取り決めしていませんでした。この場合、新法が適用され当社は求償権を取得しない、つまりＡ社に対し求償できないことになるのでしょうか。

> 回　答　　「旧法」が適用されます。

　債務引受に関する規定については、改正法附則23条において、改正法の施行日前に締結された債務引受に関する契約には新法は適用しないと規定されています。

　そのため、Ａ社は新法に基づき求償を拒否することはできませんが、旧法には債務引受に関する規定がないため、必ず貴社の求償が認められるとも言えません。

第2章　債権総則

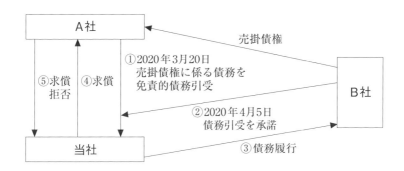

解　説

1　旧法の規定内容

旧法では、債務引受について規定はありませんでしたが、判例・学説上、契約自由を根拠に認められてきました。

そして、本ケースのように、引受人である貴社が、債務者であるA社との間で債務引受をする場合、引受人が無資力であると債権者の利益を害するなどの問題があるため、処分権を持たない者による債権の処分と捉え、処分権者である債権者の承諾を必要とし、承諾により債務引受が遡及的に有効となるとの考えが一般的でした。

しかし、免責的債務引受における引受人の求償権については、定まった考え方がなく、引受人が、他人の債務を自己の債務として引き受け、自己の債務として履行する以上、求償権を発生させる基礎に欠けるとする見解がある一方で、免責的債務引受は、第三者による弁済と似た利益状況にあることから、事務管理等により求償できるとする見解もありました。

2　新法の規定内容と旧法との違い

以上のとおり、旧法では債務引受の規定はありませんでしたが、判

例・学説上認められてきましたので、新法では、規定を設け明文化しました（新法470～472の4）。

そして、見解が分かれていた免責的債務引受における引受人の求償権についても、明文の規定を置き、求償権を取得しないこととしました（新法472の3）。

ただし、新法においても、求償権は取得しないものの、引受人（貴社）と債務者（A社）との間で別途債務引受の対価を取り決めることは否定されません。

3　新・旧の適用判断

以上のとおり、旧法では債務引受について規定されておらず判例及び解釈に委ねられていましたが、新法において明確な規定が設けられ、特に旧法下で見解の分かれていた免責的債務引受における引受人の求償権について新法は明確に否定していますので、新・旧の適用判断は重要です。

この点、改正法附則23条において、改正法の施行日前に締結された債務引受に関する契約には新法は適用しないと規定されています。

そのため、本ケースでは、施行日後の債権者B社の承諾により免責的債務引受が確定的に効力を生じることになったのですが（新法472③）、契約は施行日前に締結されていますので、新法が適用されず、旧法下の判例・学説により判断されることとなります。

--------------------　実務の目　--------------------

以上のとおり、本ケースでは、新法が適用されないため、一見「貴社」にとって有利なように思われますが、前述のとおり旧法下で見解が分かれていた論点ですので、新法が施行されたことに

第2章　債権総則　　137

より、裁判所が新法の規定を考慮した判断をすることもあり得ます。

　したがって、免責的債務引受の引受人となる場合には、新旧どちらの法律が適用されるかに関係なく、別途、その対価を合意するなどの対応をすべきでしょう。

【関連条文】

新　法

（免責的債務引受の要件及び効果）

第472条　免責的債務引受の引受人は債務者が債権者に対して負担する債務と同一の内容の債務を負担し、債務者は自己の債務を免れる。

2　〔省略〕

3　免責的債務引受は、債務者と引受人となる者が契約をし、債権者が引受人となる者に対して承諾をすることによってもすることができる。

（免責的債務引受における引受人の求償権）

第472条の3　免責的債務引受の引受人は、債務者に対して求償権を取得しない。

改正法附則

（債務の引受けに関する経過措置）

第23条　新法第470条から第472条の4までの規定は、施行日前に締結された債務の引受けに関する契約については、適用しない。

第7節　債権の消滅

第1　弁　済

ケース30　第三者の弁済〔施行日後の弁済〕

施行日前に生じた債務を施行日後に第三者が弁済したところ、その弁済が債務者の意思に反することを債権者が知らなかった場合の第三者の弁済の効力

　私は、Aに対し、施行日前の2019年4月1日、返済期限を2020年1月31日として、300万円を貸し付けました。

　Aが返済期限を過ぎても返済しなかったので、請求書を送付したところ、これを見たAの親Bが驚き、施行日後の2020年4月10日、300万円をAの代わりに弁済してくれました。しかし、Aは、Bの弁済がAの意思に反するため無効であり、Bに返金するよう主張しています。私は、Aにそのような意思があったとは全く知りませんでした。

　新法では、旧法と異なり、第三者の弁済が債務者の意思に反しても、債務者の意思に反することを債権者が知らない場合は有効であると聞きました。本ケースでは、新法と旧法どちらが適用されるのでしょうか。

回　答　「旧法」が適用されます。

　施行日前に債務が生じた場合におけるその債務の弁済については、旧法によるとされています（改正法附則25①）。

　Bの弁済がAの意思に反するのであれば、Bの弁済は無効です。

第2章 債権総則

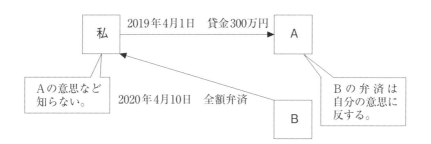

解　説

1　旧法の規定内容

　旧法では、第三者の弁済については、「利害関係を有しない第三者は、債務者の意思に反して弁済をすることができない」（旧法474②）と定められていました。

　「利害関係を有しない第三者」とは、弁済をすることにつき法律上の直接の利害関係を有しない者をいい、単に姻戚関係にあるだけでは、利害関係があるとはいえないとされています（大判昭14・10・13民集18・1165）。

　また、「債務者の意思に反して」とは、債務者の反対の意思表示までは不要であり、債務者の反対の意思が諸般の事情から認められることで足りるとされています（大判大6・10・18民録23・1662）。

　そのため、債権者は、債務者の意思に反することを知らず第三者から弁済を受けた場合、後でその弁済が無効であると主張されるリスクを抱えていました。

2　新法の規定内容と旧法との違い

　新法では、「弁済をするについて正当な利益を有する者でない第三者」の弁済が債務者の意思に反する場合であっても、債務者の意思に

反することを債権者が知らなかったときには、その弁済は有効であるとルールが変更されました（新法474②）。

本ケースでは、旧法適用の場合、Bの弁済がAの意思に反するのであればBの弁済は無効ということになりますが、新法適用の場合、Bの弁済がAの意思に反したとしても債権者（あなた）がAの意思を知らなかった場合はBの弁済は有効ということになります。

3　新・旧の適用判断

弁済に関する経過措置について、改正法附則25条1項、17条1項において、施行日前に債務が生じた場合（施行日以後に債務が生じた場合であって、その原因である法律行為が施行日前にされたときを含みます。）におけるその債務の弁済については、改正法附則25条2項に規定するもの（＝弁済の充当に関するもの）のほか、なお従前の例によると定められています。

本ケースでは、Aの貸金返還債務は、施行日前である2019年4月1日に生じているため、第三者が弁済をした日が施行日後の2020年4月10日であったとしても旧法が適用されることとなります。

旧法が適用される本ケースでは、Bの弁済がAの意思に反するのであれば、債権者（あなた）が、Bの弁済がAの意思に反することを知らなかったとしても、Bの弁済は無効ということになります。

実務の目

第三者の弁済が債務者の意思に反し、かつ債権者がその意思を知らない場合、その弁済は、旧法適用であれば無効ですが、新法適用であれば有効です。新旧適用で結論を異にする可能性があるため、新旧適用の判断を誤らないようにすることが重要です。

第2章　債権総則　　141

　　なお、旧法では、債権者が利害関係を有しない第三者からの弁
　済を拒むことができないことも問題とされていました。
　　新法では、弁済をするについて正当な利益を有する者ではない
　第三者は債権者の意思に反して弁済することができないとされた
　ため、債権者は当該第三者から弁済をしたい旨の申出を受けた場
　合でも弁済の受領を拒絶できるようになりました（新法474③）。併
　せてご確認ください。

【関連条文】
旧　法
（第三者の弁済）
第474条　債務の弁済は、第三者もすることができる。ただし、その債務の
　性質がこれを許さないとき、又は当事者が反対の意思を表示したときは、
　この限りでない。
2　利害関係を有しない第三者は、債務者の意思に反して弁済をすること
　ができない。

新　法
（第三者の弁済）
第474条　債務の弁済は、第三者もすることができる。
2　弁済をするについて正当な利益を有する者でない第三者は、債務者の
　意思に反して弁済をすることができない。ただし、債務者の意思に反す
　ることを債権者が知らなかったときは、この限りでない。
3　前項に規定する第三者は、債権者の意思に反して弁済をすることがで
　きない。ただし、その第三者が債務者の委託を受けて弁済をする場合に
　おいて、そのことを債権者が知っていたときは、この限りでない。
4　前3項の規定は、その債務の性質が第三者の弁済を許さないとき、又は
　当事者が第三者の弁済を禁止し、若しくは制限する旨の意思表示をした
　ときは、適用しない。

142　　　　　　第2章　債権総則

改正法附則

（弁済に関する経過措置）

第25条　施行日前に債務が生じた場合におけるその債務の弁済について
は、次項に規定するもののほか、なお従前の例による。

2　施行日前に弁済がされた場合におけるその弁済の充当については、新
法第488条から第491条までの規定にかかわらず、なお従前の例による。

第2章　債権総則　　143

ケース31　弁済の充当〔施行日後の弁済〕

施行日前に生じた債務と施行日後に生じた債務を負担する場合に、施行日後に弁済をした者の給付がその債務の全部を消滅させるのに足りないときの弁済の充当

　私は、Aから、施行日前の2020年3月1日に返済期限を同年5月31日とする条件で100万円を借り、施行日後の同年4月10日に返済期限を同年5月31日とする条件で100万円を借りました。

　私は、返済期限までに150万円しか用意できなかったため、同年5月31日、同年3月1日に借入れをした借金から充当されるよう指定してAに150万円を支払いました。

　弁済の充当について新法と旧法のどちらが適用されるかを考える際、仮に債務が生じた時点で適用の基準時を判断するとなると、二つの債務は施行日を間に挟んでいるので新法と旧法のいずれが適用されるのかが分かりません。

　本ケースでは、新法と旧法どちらが適用されるのでしょうか。

回答　「新法」が適用されます。

　弁済の充当に関する新旧適用については、債務が生じた時点ではなく、弁済がされた時点が施行日前か施行日後かで判断します（改正法附則25②）。

144 第2章 債権総則

解 説

1 旧法の規定内容

旧法では、弁済の充当については、旧法488条から491条までに規定
が置かれていましたが、次のような問題を抱えていました。

① 弁済の充当に関する規定が分かりにくく、規律内容が不明確であ
った。

② 弁済の充当の順序に関する合意がある場合についての明文の規定
がない。

③ 債務者が一個又は数個の債務について元本のほか利息及び費用を
支払うべき場合において、弁済をする者がその債務の全部を消滅さ
せるのに足りない給付をした際、旧法491条1項より、費用、利息及
び元本の順序で充当され、その上で、充当の結果、その一部が消滅
しない費用、利息又は元本については、旧法491条2項より法定充当
しか認められておらず、指定充当が認められていなかった。

2 新法の規定内容と旧法との違い

新法では、①弁済の充当に関する規定が整備され（新法488～491）、②
弁済の充当の順序に関する当事者の合意があるときは、その順序に従
い、その弁済を充当することが明文化され（新法490）、③旧法491条1項
適用の場面において、適用後の残部について法定充当のほか、指定充
当が認められることとなりました（新法489②）。なお、旧法から規律内
容の変更があったのは上記③です。新法における具体的な規律内容は
以下のとおりです。

㋐ 同種の給付を目的とする数個の債務を負担する場合

まず、当事者の合意がある場合は合意充当（新法490）

充当合意がない場合は、指定充当（新法488①～③）

第 2 章　債権総則　　　145

　充当指定がない場合は、法定充当（新法488④）

⑷　数個の債務について元本のほか利息及び費用を支払うべき場合

　まず、当事者の合意がある場合は合意充当（新法490）

　充当合意がない場合は、費用、利息、元本の順序で法定充当（新法
489①）

　次に、費用、利息、元本のいずれかに残存部分がある場合、充当
指定があれば指定充当（新法489②・488①〜③）

　充当指定がない場合は、法定充当（新法489②・488④）

3　新・旧の適用判断

　弁済の充当に関する経過措置については、改正法附則25条2項にお
いて、「施行日前に弁済がされた場合におけるその弁済の充当につい
ては、新法第488条から第491条までの規定にかかわらず、なお従前の
例による」と定められています。

　弁済の経過措置（改正法附則25①）と同様に債務発生日で新旧適用を
判断するとなると、例えば、本ケースのように、施行日前に生じた債
務と施行日後に生じた債務との間で弁済の充当が問題になる場合、新
旧適用が判断できなくなるため、弁済の充当に関する経過措置が弁済
の経過措置とは別に定められることになりました。

　本ケースは、施行日後に弁済がされた場合であるため、弁済の充当
については新法が適用されます。本ケースの充当指定は、新法488条1
項ないし3項がその根拠となります。

┌─────── 実務の目 ───────┐

　新法により、弁済の充当に関する規律内容が明確になりました。

　このほか、一個の債務の弁済として数個の給付をすべき場合（例
えば、一つの債務について分割弁済の約定がある場合など）にお

いて、弁済をする者がその債務の全部を消滅させるのに足りない
給付をしたときも、同じルールによるとされています（新法491）。

【関連条文】

新　法

（同種の給付を目的とする数個の債務がある場合の充当）

第488条　債務者が同一の債権者に対して同種の給付を目的とする数個の
　債務を負担する場合において、弁済として提供した給付が全ての債務を
　消滅させるのに足りないとき（次条第1項に規定する場合を除く。）は、弁
　済をする者は、給付の時に、その弁済を充当すべき債務を指定すること
　ができる。

2　弁済をする者が前項の規定による指定をしないときは、弁済を受領す
　る者は、その受領の時に、その弁済を充当すべき債務を指定することが
　できる。ただし、弁済をする者がその充当に対して直ちに異議を述べた
　ときは、この限りでない。

3　前2項の場合における弁済の充当の指定は、相手方に対する意思表示に
　よってする。

4　弁済をする者及び弁済を受領する者がいずれも第1項又は第2項の規定
　による指定をしないときは、次の各号の定めるところに従い、その弁済
　を充当する。

　一　債務の中に弁済期にあるものと弁済期にないものとがあるときは、
　　弁済期にあるものに先に充当する。

　二　全ての債務が弁済期にあるとき、又は弁済期にないときは、債務者
　　のために弁済の利益が多いものに先に充当する。

　三　債務者のために弁済の利益が相等しいときは、弁済期が先に到来し
　　たもの又は先に到来すべきものに先に充当する。

　四　前2号に掲げる事項が相等しい債務の弁済は、各債務の額に応じて充
　　当する。

（元本、利息及び費用を支払うべき場合の充当）

第489条　債務者が1個又は数個の債務について元本のほか利息及び費用を

第2章　債権総則　　　　　　　　　　　　　147

支払うべき場合（債務者が数個の債務を負担する場合にあっては、同一の債権者に対して同種の給付を目的とする数個の債務を負担するときに限る。）において、弁済をする者がその債務の全部を消滅させるのに足りない給付をしたときは、これを順次に費用、利息及び元本に充当しなければならない。

2　前条の規定は、前項の場合において、費用、利息又は元本のいずれかの全てを消滅させるのに足りない給付をしたときについて準用する。

（合意による弁済の充当）

第490条　前2条の規定にかかわらず、弁済をする者と弁済を受領する者との間に弁済の充当の順序に関する合意があるときは、その順序に従い、その弁済を充当する。

（数個の給付をすべき場合の充当）

第491条　1個の債務の弁済として数個の給付をすべき場合において、弁済をする者がその債務の全部を消滅させるのに足りない給付をしたときは、前3条の規定を準用する。

[改正法附則]

（弁済に関する経過措置）

第25条　施行日前に債務が生じた場合におけるその債務の弁済については、次項に規定するもののほか、なお従前の例による。

2　施行日前に弁済がされた場合におけるその弁済の充当については、新法第488条から第491条までの規定にかかわらず、なお従前の例による。

148　　　　第2章　債権総則

ケース32　担保保存義務の例外

施行日前に生じた債務につき、施行日後に担保を放棄した場合の免責の是非

施行日前の2019年4月1日、私は、まず、Aの姉B所有の不動産に根抵当権を設定した上で、その価値に見合う4,000万円をAに貸しました。その後同年5月1日、A所有の不動産に共同担保として根抵当権を設定した上で、その価値に見合う6,000万円をAに貸しました。

施行日後の2020年5月1日、AがA所有不動産を6,000万円で売却して返済したため、A所有不動産の根抵当権を放棄しました。

その後、Bが、民法504条を根拠に免責を主張し、B所有不動産の根抵当権設定登記の抹消を求めてきました。

新法では、担保保存義務免除特約がない場合でも合理的な理由がある場合には免責が生じない場合があると聞きましたが、本ケースでは新法と旧法いずれが適用されるのでしょうか。

> **回　答**　「旧法」が適用されます。

施行日前に債務が生じた場合におけるその債務の弁済については、旧法によります（改正法附則25①）。担保保存義務の規定も同様です。

旧法下では、個別事情にもよりますが、担保放棄についてBの同意がない場合、Bの請求に応じる必要があると考えられます。

第2章　債権総則

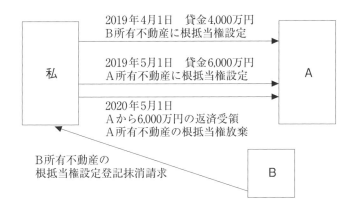

解　説

1　旧法の規定内容

　旧法下では、第三者が担保を設定している場合、担保の差替えや一部解除を行う必要が生じても、これらは形式的には旧法504条の担保の喪失又は減少に該当するため、債権者としては、たとえ担保の差替えや一部解除が合理的なものであっても、全ての代位権者の同意を得ない限り、担保の差替えや一部解除を行うことができませんでした。

2　新法の規定内容と旧法との違い

　新法では、担保の喪失又は減少について「取引上の社会通念に照らして合理的な理由があると認められるとき」は、新法504条1項による免責は生じないとされています（新法504②）。

　「合理的な理由がある」とされる例としては、個別事情にもよりますが、経営者の交代に伴って保証人が旧経営者から新経営者に交代する事例や、抵当権を設定している不動産を適正価格で売却し、その代金を債務の弁済に充てることを前提に、その抵当権を抹消する事例などが挙げられています。

3　新・旧の適用判断

　担保保存義務の規定は弁済に関する規定であるため、弁済の経過措置の規定により判断します。

　改正法附則25条1項、17条1項において、施行日前に債務が生じた場合（施行日以後に債務が生じた場合であって、その原因である法律行為が施行日前にされたときを含みます。）におけるその債務の弁済については、改正法附則25条2項に規定するもの（＝弁済の充当に関するもの）のほか、なお従前の例によると定められているところ、本ケースは、施行日前の2019年4月1日に債務が生じた事案であるため、旧法が適用されることになります。

　そうすると、旧法では、新法のように担保の喪失又は減少につき「合理的な理由がある」とされる場合の担保保存義務の例外が規定されていないため、本ケースでは、個別事情にもよりますが、担保放棄についてBの同意がない場合、Bの請求に応じる必要があると考えられます。

実務の目

　新法では「合理的な理由がある」とされる場合の担保保存義務の例外を規定しましたが、かかる改正は、旧法下でのいわゆる担保保存義務の免除特約の効力やその限界に関する判例（最判平7・6・23民集49・6・1737）を否定するものではないと言われています。

　また、新法では、免責を主張することができる者の範囲について、最高裁平成3年9月3日判決（民集45・7・1121）の内容が明文化され、第三取得者の責任免除の規定が設けられていますので、併せてご確認ください（新法504①後段）。

第2章　債権総則　　　　151

【関連条文】

旧　法

（債権者による担保の喪失等）

第504条　第500条の規定により代位をすることができる者がある場合において、債権者が故意又は過失によってその担保を喪失し、又は減少させたときは、その代位をすることができる者は、その喪失又は減少によって償還を受けることができなくなった限度において、その責任を免れる。

新　法

（債権者による担保の喪失等）

第504条　弁済をするについて正当な利益を有する者（以下この項において「代位権者」という。）がある場合において、債権者が故意又は過失によってその担保を喪失し、又は減少させたときは、その代位権者は、代位をするに当たって担保の喪失又は減少によって償還を受けることができなくなる限度において、その責任を免れる。その代位権者が物上保証人である場合において、その代位権者から担保の目的となっている財産を譲り受けた第三者及びその特定承継人についても、同様とする。

2　前項の規定は、債権者が担保を喪失し、又は減少させたことについて取引上の社会通念に照らして合理的な理由があると認められるときは、適用しない。

改正法附則

（弁済に関する経過措置）

第25条　施行日前に債務が生じた場合におけるその債務の弁済については、次項に規定するもののほか、なお従前の例による。

2　施行日前に弁済がされた場合におけるその弁済の充当については、新法第488条から第491条までの規定にかかわらず、なお従前の例による。

152　　　　　第2章　債権総則

第2　相　殺

| ケース33 | 不法行為債権と相殺禁止

施行日前に生じた不法行為債権を受働債権とする相殺の可否

　左官業を営んでいる私は、2020年3月1日、注文者Aとの間で、A宅のキッチンのリフォーム工事を請け負い、その工事に取り掛かりました。同年3月20日、私は、自動車を運転して別件の工事現場に向かう途中、前方不注意によりAが運転する自動車に追突して、物損事故を起こしてしまいました。同年4月10日、リフォーム工事が完成したので、私は、Aに対して請負工事代金100万円を請求したいと考えていますが、Aからは自動車の修理費用として20万円を請求されています。

　新法では、不法行為債権を受働債権とする相殺禁止について、①「悪意による不法行為に基づく損害賠償の債務」及び②「人の生命又は身体の侵害による損害賠償の債務」の二つの不法行為に基づく損害賠償請求権に限定されたと聞いています。私は、Aの私に対する不法行為に基づく損害賠償請求権を受働債権として、請負工事代金との相殺を主張したいと考えていますが、新法が適用されますか。

> ## 回　答　「旧法」が適用されます。

　改正法附則26条2項によれば、新法施行日前に不法行為に基づく損害賠償請求権が生じた場合、その債権を受働債権とする相殺については、旧法が適用されるとされています。

　本ケースでは、Aのあなたに対する不法行為に基づく損害賠償請求権が新法施行日前の2020年3月20日に生じていますので、旧法が適用されます。

第 2 章　債権総則

解　説

1　旧法の規定内容

　旧法においては、不法行為に基づく損害賠償請求権を受働債権とする相殺は一律に禁止されていました。これは、被害者に現実の給付を実現して保護するとともに、債権者の報復的な不法行為の誘発を防止する等の理由に基づくものです。

　判例では、同一事故による不法行為に基づく損害賠償請求権同士の相殺について、「民法509条の趣旨は、不法行為の被害者に現実の弁済によって損害の填補を受けさせること等にある」旨が判示されて、旧法509条が適用されて相殺が禁止されると判断されています（最判昭49・6・28民集28・5・666）。

2　新法の規定内容と旧法との違い

　新法509条1号は、相殺をもって債権者に対抗することができない受働債権の範囲を、「悪意による不法行為に基づく損害賠償の債務」に限定しました。このため、過失による不法行為に基づく損害賠償請求権を受働債権とする相殺について、債権者に対抗できるようになりました。ここにいう「悪意」の意味は、単なる「故意」とは異なり、「加害の意思」（積極的に他人を害する意思）を含むとされています。「悪意による不法行為に基づく損害賠償の債務」を受働債権とする相殺を争う者は、「悪意」による不法行為に該当することを立証しなければなりません。

　また、新法509条2号は、相殺をもって債権者に対抗することができ

ない受働債権の範囲を、「人の生命又は身体の侵害による損害賠償の債務」に限定しました。この相殺を対抗できない損害賠償請求権は、不法行為に基づく損害賠償請求権に限られず、例えば、安全配慮義務違反により人の生命又は身体に損害が生じた場合の債務不履行に基づく損害賠償請求権も含まれます。

ただし、これらの損害賠償請求権も、「他人から譲り受けた」ものであるときには、相殺は禁止されず、これを受働債権とする相殺が許容されます（新法509ただし書）。このような場合には、現実の弁済を実現して被害者の保護を図る必要がないという理由に基づくものです。

3 新・旧の適用判断

経過措置として、改正法附則26条2項により、施行日前に債権が生じた場合、その債権を受働債権とする相殺については、旧法が適用されるとされています。このため、受働債権となる損害賠償請求権の発生が施行日前であるか否かにより、適用法令が分かれることになります。

本ケースでは、Aのあなたに対する損害賠償請求権が新法施行日前に生じたものであることから、旧法が適用され、損害賠償請求権を受働債権とする相殺を対抗することができません。

実務の目

旧法では、交通事故において、当事者双方に物損が生じた場合、過失相殺を経た後のそれぞれの損害額を互いに請求し合う必要がありました。しかし、債権法改正を受けて、物損事故においては、いわゆる交差請求を回避して、相殺による解決が図られることが予想されます。

第2章　債権総則　　155

【関連条文】

旧　法

（不法行為により生じた債権を受働債権とする相殺の禁止）

第509条　債務が不法行為によって生じたときは、その債務者は、相殺をもって債権者に対抗することができない。

新　法

（不法行為等により生じた債権を受働債権とする相殺の禁止）

第509条　次に掲げる債務の債務者は、相殺をもって債権者に対抗することができない。ただし、その債権者がその債務に係る債権を他人から譲り受けたときは、この限りでない。

一　悪意による不法行為に基づく損害賠償の債務

二　人の生命又は身体の侵害による損害賠償の債務（前号に掲げるものを除く。）

改正法附則

（相殺に関する経過措置）

第26条　施行日前にされた旧法第505条第2項に規定する意思表示については、なお従前の例による。

2　施行日前に債権が生じた場合におけるその債権を受働債権とする相殺については、新法第509条の規定にかかわらず、なお従前の例による。

3　施行日前の原因に基づいて債権が生じた場合におけるその債権を自働債権とする相殺（差押えを受けた債権を受働債権とするものに限る。）については、新法第511条の規定にかかわらず、なお従前の例による。

4　施行日前に相殺の意思表示がされた場合におけるその相殺の充当については、新法第512条及び第512条の2の規定にかかわらず、なお従前の例による。

156　　第2章　債権総則

ケース34　差押えと相殺

差押え前の原因に基づいて生じた債権を自働債権とする相殺の可否

　当社は、2020年2月1日、A社に対して、システム開発を代金500万円で発注し、代金は、システムの納入から1か月後に支払うことで合意しました。A社は、同年3月30日にシステムを納入しましたが、その直後に経営破綻し、A社に1,000万円を貸し付けていたB銀行がシステム開発代金500万円を差し押さえました。同年4月15日、A社が納入したシステムに隠れた瑕疵があり、正常に稼働しないことが判明しました。当社は、別の業者に100万円を支払ってシステムの改修を行いましたが、その後、B銀行が当社に対し、差し押さえたシステム開発代金500万円の支払を求めてきました。

　新法では、「差押え後に取得した債権が差押え前の原因に基づいて生じたものである」ときは、「その債権による相殺をもって差押債権者に対抗することができる」とされています。当社は、B銀行に対し、A社に対するシステム改修費用100万円の損害賠償債権を自働債権として相殺を主張したいと考えていますが、新法が適用されますか。

> **回　答**　「旧法」が適用されます。

　改正法附則26条3項において、新法施行日前の原因に基づいて債権が生じた場合、その債権を自働債権とする相殺については、旧法が適用されるとされています。

第2章 債権総則

本ケースで差押え後に取得した損害賠償債権は、新法施行日前の原因に基づいて生じたものですから、旧法が適用されます。

解　説

1　旧法の規定内容

旧法511条では、差押え後に取得した債権については、相殺をもって差押債権者に対抗することができないとされていました。

もっとも、取得した債権の弁済期と差押えを受けた債権の弁済期の先後は、明文上の要件とされていませんでした。また、差押え後に取得した債権が差押え前の原因に基づいて生じたものであるとき、その債権による相殺をもって差押債権者に対抗することができるか否かについても、旧法上は明らかではありませんでした。

他方で、破産法では、破産手続開始前の原因に基づいて生じた財産上の請求権であって、財団債権に該当しないものについては、これを自働債権とする相殺を主張することができるとされています（破産67①）。債権法改正により、この破産法の規定との整合性が図られました。

判例では、取得した債権の弁済期と、差押えを受けた債権の弁済期の先後について、当初、自働債権の弁済期が受働債権の弁済期より先に到来する場合に限って相殺を対抗できるとされました（最大判昭39・12・23民集18・10・2217）。その後に、取得した債権の弁済期と差押えを受けた債権の弁済期の先後を問わず相殺を対抗できるとされました（最大判昭45・6・24民集24・6・587）。また、差押え前の原因に基づいて生じた

債権による相殺をもって差押債権者に対抗することができるかという点に関して、「委託を受けた保証人が破産手続開始決定の後に保証債務を履行したことにより生じた事後求償権を自働債権として相殺することができる」旨が判示されています（最判平24・5・28民集66・7・3123）。

2　新法の規定内容と旧法との違い

新法511条1項では、無制限説を採用し、自働債権の弁済期と受働債権の弁済期の先後を問わず、差押え前に取得した債権をもって相殺を対抗できるとされました。

また、新法511条2項本文では、差押え後に取得した債権が差押え前の原因に基づいて生じたものであるとき、これを自働債権とする相殺を差押債権者に対抗することができるとされています。

もっとも、差押え前の原因に基づいて生じた債権であっても、第三債務者が差押え後に他人から取得した債権であるときは、差押えの時点で第三債務者が当該債権を相殺する期待を有していたとはいえないことから、当該債権を自働債権とする相殺を差押債権者に対抗することはできないとされています（新法511②ただし書）。

3　新・旧の適用判断

経過措置として、改正法附則26条3項により、施行日前の原因に基づいて債権が生じた場合、その債権を自働債権とする相殺については、旧法が適用されるとされています。このため、自働債権を生じる原因が施行日前に生じたか否かにより、適用法令が分かれることになります。

本ケースでは、新法施行日前の原因に基づいて損害賠償債権が生じていますから、旧法が適用されることになります。

したがって、本ケースでは、旧法の規定上は明らかでないものの、前掲最高裁平成24年5月28日判決の「委託を受けた保証人が破産手続

第2章　債権総則　　159

開始決定の後に保証債務を履行したことにより生じた事後求償権を自働債権として相殺することができる」との判旨に依拠すれば、B銀行に対し、A社に対するシステム改修費用100万円の損害賠償債権を自働債権とする相殺を対抗することができる可能性があります。

┌──── 実務の目 ────┐

　新法511条2項により相殺をもって差押債権者に対抗することができる自働債権として、差押え前に締結された保証契約に基づく差押え後の保証人の主債務者又は共同保証人に対する求償権、差押えよりも前に締結されていた賃貸借契約に基づき差押え後に発生した賃料債権などが考えられます。もっとも、「差押え前の原因に基づいて生じた」あるいは「差押え後に他人の債権を取得した」との要件は必ずしも明確ではないため、その解釈については、今後の実例の集積が待たれます。

　ところで、債権譲渡と相殺においては、「対抗要件具備時より前の原因に基づいて生じた債権」のほか、「譲受人の取得した債権の発生原因である契約に基づいて生じた債権」についても、相殺をもって譲受人に対抗することができるとされていますが（新法469②）、差押えと相殺の場合は、後者のような規定はありません。これは、例えば将来の売買代金債権が譲渡された場合、譲渡後も譲渡人と第三債務者との間で取引が継続されることが見込まれるため、第三債務者の相殺に対する期待を保護する必要があるのに対し、差押えがなされた場合、差押え後に取引が継続されることは想定しにくく、第三債務者の相殺への期待を保護する必要性が乏しいことが理由とされています。

160 第2章 債権総則

【関連条文】

旧 法

（支払の差止めを受けた債権を受働債権とする相殺の禁止）

第511条 支払の差止めを受けた第三債務者は、その後に取得した債権による相殺をもって差押債権者に対抗することができない。

新 法

（差押えを受けた債権を受働債権とする相殺の禁止）

第511条 差押えを受けた債権の第三債務者は、差押え後に取得した債権による相殺をもって差押債権者に対抗することはできないが、差押え前に取得した債権による相殺をもって対抗することができる。

2 前項の規定にかかわらず、差押え後に取得した債権が差押え前の原因に基づいて生じたものであるときは、その第三債務者は、その債権による相殺をもって差押債権者に対抗することができる。ただし、第三債務者が差押え後に他人の債権を取得したときは、この限りでない。

改正法附則

（相殺に関する経過措置）

第26条 施行日前にされた旧法第505条第2項に規定する意思表示については、なお従前の例による。

2 施行日前に債権が生じた場合におけるその債権を受働債権とする相殺については、新法第509条の規定にかかわらず、なお従前の例による。

3 施行日前の原因に基づいて債権が生じた場合におけるその債権を自働債権とする相殺（差押えを受けた債権を受働債権とするものに限る。）については、新法第511条の規定にかかわらず、なお従前の例による。

4 施行日前に相殺の意思表示がされた場合におけるその相殺の充当については、新法第512条及び第512条の2の規定にかかわらず、なお従前の例による。

第3章　契　約

162

第1節　契約総則

第1　契約の効力

ケース35　承諾の延着と契約の成立

隔地者間の契約につき、承諾が延着した場合の契約成立の適否

　私は、新法施行日前である2020年3月28日、知人であるＡに対して、「Ａの所有するＢという骨董品を代金100万円で売ってほしい。4月15日までに返事が欲しい。」との手紙を送り、同年3月30日に到達しました。

　その後、Ａは、新法施行日後である同年4月1日に、上記申込みを承諾する旨の手紙を出したものの（消印は4月2日）、郵便事故のために、同年5月1日に私の元に到達しました。

　この場合、旧法が適用されると契約は成立しますが、新法が適用されると契約は成立しないと聞きました。

　今回の場合、新法と旧法どちらが適用されるのでしょうか。

回　答　「旧法」が適用されます。

　改正法附則29条2項は、「施行日前に通知が発せられた契約の申込みについては、……なお従前の例による。」と定めています。

　本ケースでは、新法施行日前の2020年3月28日に契約申込みの通知が発せられているため、旧法が適用されます。

第3章 契　約

解　説

1　旧法の規定内容

　旧法521条2項は、承諾の期間を定めてした申込みは、当該申込者が承諾の期間内に承諾の通知を受け取らなかったときは効力を失うと規定していました。

　もっとも、旧法521条2項の規定だけでは、郵便事故等で承諾の意思表示が延着した場合、承諾者は、当該意思表示が通常どおり（延着なく）到達して契約が成立したと誤信し、思わぬ損害を被る可能性があります。

　そこで、旧法522条は、そのような承諾者を保護するために、承諾の期間を定めてした申込みの意思表示に対する承諾の通知が当該期間経過後に到達した場合でも、申込者は承諾の通知が通常の場合にはその期間内に到達すべき時に発送したものであることを知ることができるとき（例えば、消印の日付が承諾期間の最終日の1か月前だった場合等）は、申込者は遅滞なく、相手方に対してその延着の通知を発しなければならないと規定し（1項）、その通知を怠ったときは、承諾の通知が期間内に到達したものとみなす（2項）と規定していました。

　本ケースでは、承諾の通知は承諾期間の経過後の5月1日に到達していますが、申込者は4月2日という消印の日付を見れば、通常の場合には承諾期間内に到達する時に手紙を発送したことが分かります。

第3章　契　約　　165

　それにもかかわらず、申込者は延着の通知をしていないため、承諾の手紙は承諾期間内に（申込みが効力を失う前に）到達したものとみなされ（旧法522）、契約が成立します。

　なお、隔地者間の契約は、承諾の通知が発信された時に成立するので（旧法526①）、契約成立の時期は、4月1日になります。

2　新法の規定内容と旧法との違い

　新法では、旧法522条及び旧法526条1項が削除されました。

　旧法526条1項は、隔地者間の契約では意思表示の到達に時間がかかるため、早期に契約を成立させて承諾者にその履行の準備をさせる必要があることを考慮して、隔地者間の契約は、承諾の通知を発した時に成立すると規定していました。

　しかし、高度な通信手段が整備された現代においては、隔地者間の契約であっても承諾の意思表示が迅速かつ確実に相手方に到達するのが通常ですので、これを削除し、隔地者間の契約における承諾の意思表示についても、原則どおり、到達主義（新法97）によるものとしたのです。

　また、旧法522条は、上記のとおり、隔地者間の契約において承諾の意思表示が延着した場合に承諾者を保護する規定でしたが、旧法526条1項の規定が削除され、隔地者間の契約においても到達主義が採用されることになったため、あえて隔地者間の契約で承諾の意思表示が延着した場合についてのみ申込者に延着のリスクの一部を負わせる必要性は乏しいと判断され、削除されることになりました。

　そうすると、本ケースで新法が適用される場合には、承諾の意思表示は4月1日に発信されているものの、申込者に到達したのは5月1日ですので、申込みはその効力を失っており、契約は成立しません。

　つまり、旧法が適用される場合は契約が成立しますが、新法が適用される場合は契約が成立しないこととなり、結論が異なります。

3 新・旧の適用判断

　改正法附則29条2項は、施行日前に通知が発せられた契約の申込みについては、なお従前の例によるとして、契約の申込みの通知が新法の施行日前に発せられていたら旧法、施行日後に発せられていたら新法が適用されると規定しています。

　本ケースでは、新法の施行日前である2020年3月28日に契約の申込みの通知が発せられているので、旧法が適用され、契約が成立します。

実務の目

　旧法526条1項及び旧法522条が削除されたことにより、意思表示の効力が生じる時期について到達主義が徹底されることになります。

　承諾者は、確実を期すのであれば、承諾の意思表示が申込者に到達した（契約が成立した）ことを確認するのが望ましいでしょう。

【関連条文】

旧　法

（承諾の期間の定めのある申込み）

第521条　承諾の期間を定めてした契約の申込みは、撤回することができない。

2　申込者が前項の申込みに対して同項の期間内に承諾の通知を受けなかったときは、その申込みは、その効力を失う。

（承諾の通知の延着）

第522条　前条第1項の申込みに対する承諾の通知が同項の期間の経過後に到達した場合であっても、通常の場合にはその期間内に到達すべき時に発送したものであることを知ることができるときは、申込者は、遅滞なく、相手方に対してその延着の通知を発しなければならない。ただし、その到達前に遅延の通知を発したときは、この限りでない。

第3章　契　約　167

2　申込者が前項本文の延着の通知を怠ったときは、承諾の通知は、前条
　第1項の期間内に到達したものとみなす。
（隔地者間の契約の成立時期）
第526条　隔地者間の契約は、承諾の通知を発した時に成立する。
2　申込者の意思表示又は取引上の慣習により承諾の通知を必要としない
　場合には、契約は、承諾の意思表示と認めるべき事実があった時に成立
　する。

改正法附則

（契約の成立に関する経過措置）
第29条　施行日前に契約の申込みがされた場合におけるその申込み及びこ
　れに対する承諾については、なお従前の例による。
2　施行日前に通知が発せられた契約の申込みについては、新法第526条の
　規定にかかわらず、なお従前の例による。
3　施行日前にされた懸賞広告については、新法第529条から第530条まで
　の規定にかかわらず、なお従前の例による。

ケース36　危険負担

施行日前に締結された契約について、施行日後に、当事者双方に帰責事由なく履行不能となった場合の契約の処理

　私は、知人のAから、新法施行日前の2020年3月1日に、骨董品の壺を50万円で譲ってもらう約束をしており、同壺の引渡しから1週間後に代金を支払うこととしていました。

　しかしながら、引渡期日の1週間前である同年4月20日に、突如発生した大地震により、Aの自宅が倒壊し、壺も損壊してしまいました。このような場合を規律する特約も設けておりません。

　この場合、新法と旧法、どちらが適用されるのでしょうか。

回答　「旧法」が適用されます。

　改正法附則30条1項は、「施行日前に締結された契約に係る……危険負担については、なお従前の例による」と定めています。

　つまり、契約の締結が、新法の施行日より前であれば、旧法が適用され、新法の施行日後であれば、新法が適用されることになります。

　本ケースでは、契約締結日が新法施行日前なので、旧法が適用されます。

第3章 契 約 169

解 説

1 旧法の規定内容

旧法では、双務契約において、当事者双方の責めに帰することができない事由により、一方債務を履行することができなくなったときは、原則、他方債務も消滅し、債務者は、反対給付を受ける権利を失うものとされています（債務者主義（旧法536①））。しかし、特定物に関する物権の設定又は移転を目的とする双務契約については、その目的物が、債務者の責めに帰することのできない事由によって滅失・損傷した場合、反対給付債務は消滅しないとして、例外的に債権者主義が採用されています（旧法534）。

しかしながら、旧法534条については、双務契約における両債務の牽連性から見て妥当性を欠き、特定物に関する物権の設定・移転を目的とする双務契約についてのみ扱いを変える合理的理由はないとして、批判が強く、同条項を限定的に適用し、債権者が、目的物に対し何らかの実質的支配を及ぼすようになった時点で危険を移転させるものとする学説が有力です（山本敬三『民法講義Ⅳ－Ⅰ 契約』129頁（有斐閣、2005））。ただし、そのような学説を採用した最高裁判例はありません。危険負担に関する旧法の規律は任意規定であり、以上のような批判も踏まえ、特約により排除されることも多かったところです。

本ケースの場合、骨董品の壺の所有権移転を目的とする売買契約は、「特定物に関する物権の移転を目的とする双務契約」に当たります。したがって、旧法の規定をそのまま適用すると、壺が、突如発生した大地震という債務者（Ａ）の責めに帰することのできない事由によって損壊してしまったため、壺の引渡債務は、履行不能となりますが、買主の代金支払債務は消滅しません。また、債務者の責めに帰することのできない事由による履行不能の場合、契約を解除することもでき

ず（旧法543ただし書）、買主は、契約の解除により代金支払債務を免れることもできません。

2 新法での規定内容と旧法との違い

　前記1のとおり、批判の強かった旧法534条については、今回の改正により削除されました。

　また、今回の改正により、解除は、債務の履行を得られなかった債権者を契約の拘束力から離脱させるための制度と構成され、債権者は、債務が履行不能となった場合、債務者の帰責事由の有無を問うことなく、契約を解除することができることとなりました。このことから、危険負担も、解除制度との制度的重複を避け、かつ、相互に矛盾しないよう改められ、債権者への履行拒絶権を付与する制度として再構成されました（新法536）。すなわち、当事者双方の責めに帰することができない事由により、一方債務が履行不能となった場合、他方債務は、当然には消滅しないものの、債権者は、他方当事者からの請求に対し、履行を拒絶することができるものとされました。

　したがって、仮に本ケースで新法が適用されるとすれば、壺の引渡債務が履行不能となったとしても、当然には、代金支払債務は消滅せず、債権者（買主）は、その履行を拒むことができます（新法536①）。そして、買主が代金支払債務を消滅させるためには、契約を解除する必要があります（新法542①一）。

3 新・旧の適用判断

　改正法附則30条1項は、「施行日前に締結された契約に係る……危険負担については、なお従前の例による」と定めています。

　つまり、契約の締結が、新法の施行日より前であれば、旧法が適用され、新法の施行日後であれば、新法が適用されることになります。

第3章　契　約　　171

　このように契約締結時が施行日の前か後かを判断基準とするのは、契約の当事者は契約を締結した時点において通用している法令の規定が適用されると考えるのが通常であるからです（部会資料85　4頁）。

　本ケースでは、契約締結日が新法施行日前なので、旧法が適用されることとなり、壺の引渡債務は、履行不能により消滅しますが、買主の代金支払債務は消滅しないということとなります。

┌─────────── 実務の目 ───────────┐

　新法536条1項は任意規定であり、合意により、当事者双方の責めに帰することができない事由により、一方債務が履行不能となった場合に、他方債務は当然に消滅するものとすることも可能です。

　また、今回の改正により、旧法534条1項は削除されましたが、これにより、旧法下での議論が全く意味を失うものではなく、遠隔地間での業者間取引で、輸送中の事故・災害等に備えて目的物に保険がかけられる場合にどちらが保険料を負担するか等、契約諸条件を協議する際に、旧法下での議論が参考になるものと考えられます。

└──────────────────────────────┘

【関連条文】

 旧　法

（債権者の危険負担）

第534条　特定物に関する物権の設定又は移転を双務契約の目的とした場合において、その物が債務者の責めに帰することができない事由によって滅失し、又は損傷したときは、その滅失又は損傷は、債権者の負担に帰する。

2　〔省略〕

（債務者の危険負担等）

第536条　前2条に規定する場合を除き、当事者双方の責めに帰することが
　　できない事由によって債務を履行することができなくなったときは、債
　　務者は、反対給付を受ける権利を有しない。

2　〔省略〕

新　法

（債務者の危険負担等）

第536条　当事者双方の責めに帰することができない事由によって債務を
　　履行することができなくなったときは、債権者は、反対給付の履行を拒
　　むことができる。

2　〔省略〕

改正法附則

（契約の効力に関する経過措置）

第30条　施行日前に締結された契約に係る同時履行の抗弁及び危険負担に
　　ついては、なお従前の例による。

2　新法第537条第2項及び第538条第2項の規定は、施行日前に締結された
　　第三者のためにする契約については、適用しない。

第3章 契約

ケース37　契約上の地位の移転
施行日前に締結した売買契約についての施行日後の契約上の地位の移転

A社とB社との間で、施行日前である2020年3月20日に、A社が所有する土地の売買契約を締結したところ、当社は、施行日後である同年4月10日に、B社から前記売買契約上の地位を譲り受ける合意をしました。新法では契約上の地位の移転について明文の規定が設けられたと聞いていますが、施行日前の売買契約について新法は適用されるのでしょうか。

回答　「新法」が適用されます。

契約上の地位の移転に関する規定は新法で新たに設けられましたが、改正法附則31条において、改正法の施行日前に締結された契約上の地位を譲渡する旨の合意には新法は適用しないと規定されています。

よって、譲渡される契約の締結時期とは関係なく、契約上の地位を譲渡する旨の合意が施行日後になされた場合は新法が適用されることとなります。

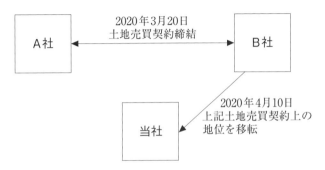

174　第3章　契　約

解　説

1　旧法の規定内容

　旧法では、契約上の地位の移転について規定はありませんでしたが、実務上広く利用されてきました。

　しかし、契約上の地位の移転の要件については、議論があり、本ケースのように譲渡人と譲受人との間だけで契約上の地位の移転の合意をした場合には、契約の相手方の承諾が必要であるとするのが一般的でしたが（最判昭30・9・29民集9・10・1472）、相手方の承諾がなくとも債権譲渡と併存的債務引受の効力は認められるとする有力な見解もありました。

2　新法の規定内容と旧法との違い

　以上のとおり、旧法では契約上の地位の移転の規定がありませんでしたが、新法では規定を設け、見解が分かれる部分についても明確化されました（新法539の2）。

　具体的には、契約の当事者の一方が、第三者との間で契約上の地位を譲渡する旨の合意をし、その契約の相手方がその譲渡を承諾することにより、契約上の地位が当該第三者に移転する旨を規定し、相手方の承諾が要件となることを明記し、相手方の承諾がなくとも一定の効力を生じるとする旧法下の見解を否定しました。

3　新・旧の適用判断

　以上のとおり、旧法では契約上の地位の移転について規定されておらず解釈に委ねられていましたが、新法において明確な規定が設けられ、特に旧法下で見解の分かれていた相手方の承諾の要否について明確にしました。

第3章　契　約　　175

　そして、新法の規定が適用されるか否かの判断基準は、改正法附則
31条において、新法の規定は、施行日前に締結された契約上の地位を
譲渡する旨の合意には適用しないと規定されています。

　そのため、本ケースでは、譲渡される契約の締結時期は施行日前で
すが、契約上の地位を譲渡する旨の合意が施行日後になされています
ので、新法が適用されることとなります。

実務の目

　以上のとおり、新法では、契約の当事者の一方が、第三者との
間で契約上の地位を譲渡する合意をした場合、その契約の相手方
の承諾が要件として明確にされましたが、旧法下における場合も
実務上は相手方の承諾を得ていたものと思われます。したがっ
て、契約上の地位の移転に関しては、法改正による影響はほとん
どないものと思われます。

【関連条文】

新　法

第539条の2　契約の当事者の一方が第三者との間で契約上の地位を譲渡す
　る旨の合意をした場合において、その契約の相手方がその譲渡を承諾し
　たときは、契約上の地位は、その第三者に移転する。

改正法附則

（契約上の地位の移転に関する経過措置）
第31条　新法第539条の2の規定は、施行日前にされた契約上の地位を譲渡
　する旨の合意については、適用しない。

176　　　　　　　　第3章　契　約

第2　契約の解除

　ケース38　　催告解除と軽微性の抗弁

施行日前に締結された契約について、施行日後に債務者が債務不履行に陥り、債権者が催告及び解除の意思表示をした場合

　当社は、業務用オーブンを販売しています。施行日前の2020年3月1日、A社にオーブン甲を100万円で販売する契約を締結し、引き渡したところ、同年5月1日、A社から、「甲は庫内温度140℃から400℃まで調整可能と説明されていたが、実際は350℃までしか調整できない。1か月以内に甲を修繕しなければ本件売買契約を解除する」と言われました。しかし、350℃までの温度調整ができれば、あらゆる料理の調理に対応できるので、A社の指摘は軽微なものにすぎません。本ケースで新法は適用されますか。

　回　答　　「旧法」が適用されます。

　改正法附則32条は、「施行日前に契約が締結された場合におけるその契約の解除については、……なお従前の例による。」と定めています。
　つまり、施行日前に契約が締結された場合、施行日後に解除する場合であっても旧法が適用され、契約の締結が新法の施行日後なら新法が適用されます。
　本ケースでは、契約締結日が新法施行日前なので、旧法が適用されます。

契約締結・引渡日　　　　施行日　　　　　　　　修繕請求日
　2020年3月1日　　　　4月1日　　　　　　　　5月1日

第3章 契　約　　177

解　説

1　旧法の規定内容

　旧法下における、解除に関する伝統的見解は、解除を債務者の責任を追及する手段と捉え、明文で債務者の帰責性を要求していない旧法541条（履行遅滞等による解除権）又は542条（定期行為の履行遅滞による解除権）に基づく解除についても、債務者の帰責事由が必要であると解されていました。したがって、契約を解除するに当たり、債務者の帰責事由が問題とされる一方で、債務不履行自体の軽微性に焦点を当て、当該不履行が軽微である場合に解除を認めるか否かにつき明示する規定はありませんでした。

　本ケースでは、A社が相当の期間（1か月）を定めて修補を催告していますので、売主が1か月以内に修補に応じない場合には、A社は本件売買契約を解除することができ、これに対して、当該不履行が軽微であると主張して解除に対抗することを売主に認める明文の規定はありません。

2　新法の規定内容と旧法との違い

(1)　催告解除と軽微性の抗弁

　新法では、解除は、債務の履行を得られなかった債権者を契約の拘束力から離脱させるための制度と構成され、債権者は、債務が履行不能となった場合、債務者の帰責事由の有無を問うことなく、契約を解除することができることとなりました。

　他方、債務者に不履行があれば無制限に解除が認められるわけではなく、催告期間（又は催告から相当の期間）を経過した時における不履行が「契約及び取引上の社会通念に照らして軽微であるとき」は解除を認めない旨のただし書が追加されました（軽微性の抗弁）。当該

不履行が「軽微」か否かを判断するに当たっては、①不履行の態様の軽微性、及び②違反された義務の軽微性が問われます（部会資料79－3 13頁）。

　また、「軽微」であることの判断基準時は、催告期間（又は催告から相当の期間）を経過した時点であり、同時点で残存する不履行部分が「軽微」であると認められた場合には、解除は認められません。「軽微」であることの主張立証責任は、解除を争う当事者（通常、不履行をした債務者）が負います。

　なお、新法では、債務不履行による解除の原則形態として、催告による解除（新法541）を位置づけ、一定の場合には、無催告による解除（新法542）が認められることとなりました。無催告による解除に関しては、ケース39・ケース40を参照してください。

　(2)　本ケースについて

　新法では、債務の履行を得られなかった債権者は、債務者に相当な期間を定めて催告し、当該期間を経過した場合、当該契約の解除を主張することとなりますが、これに対して、債務者から、当該不履行が「契約及び取引上の社会通念に照らして軽微である」と主張して、争うことができます。本ケースで不履行があった債務は、主たる給付義務であり、違反のあった義務自体としては軽微ではありません（上記(1)②）。他方で、甲によりあらゆる料理の調理に対応可能であることからすれば、不履行の態様（上記(1)①）が軽微であると考える余地があり、そのような場合には、解除できません。

3　新・旧の適用判断

　改正法附則32条は、「施行日前に契約が締結された場合におけるその契約の解除については、……なお従前の例による。」と定めています。

　このように契約締結時が施行日の前か後かを判断基準とするのは、

契約の当事者は契約を締結した時点において通用している法令の規定
が適用されると考えるのが通常であるからです（部会資料85　4頁）。
　本ケースでは、契約締結日が新法施行日前なので、旧法が適用され
ます。

実務の目

　新法で明記された「軽微性の抗弁」は、任意規定であり、また、
軽微であるか否かは、「契約……に照らして」判断されることにな
ります。したがって、「軽微」であるとして解除権の行使を認めな
いケースを契約書上に例示列挙することで、いかなる場合に「軽
微」と判断されるか、契約当事者間での予測可能性を高めること
が可能です。

【関連条文】

新　法

（催告による解除）

第541条　当事者の一方がその債務を履行しない場合において、相手方が相
　当の期間を定めてその履行の催告をし、その期間内に履行がないときは、
　相手方は、契約の解除をすることができる。ただし、その期間を経過し
　た時における債務の不履行がその契約及び取引上の社会通念に照らして
　軽微であるときは、この限りでない。

改正法附則

（契約の解除に関する経過措置）

第32条　施行日前に契約が締結された場合におけるその契約の解除につい
　ては、新法第541条から第543条まで、第545条第3項及び第548条の規定に
　かかわらず、なお従前の例による。

ケース39　無催告解除

施行日前に締結された取引基本契約に基づき、施行日前又は施行日後に締結された個別契約について、相手方が、施行日後に履行拒絶意思を明確に表示した場合

　当社は、A社との間で、新法施行日前の2019年12月1日に、継続的に国産木材を購入する取引基本契約を締結しました。その後、新法施行日後の2020年5月1日、国産木材100kgを50万円で購入する旨の個別契約を締結しましたが、A社は、履行期日の1週間前になって、国産木材の価格高騰を理由として、代金の増額がされない限り、同国産木材の引渡しには一切応じられない旨の内容証明郵便を送付してきました。

　この場合、新法と旧法、どちらが適用されるのでしょうか。

回答　「新法」が適用されます。

　改正法附則32条は、「施行日前に契約が締結された場合におけるその解除については、……なお従前の例による。」と定めています。

　つまり、契約が締結されたのが新法の施行日前なら旧法が、施行日後なら新法が適用されます。

　本ケースでは、取引基本契約締結後、新たに個別契約が締結されたのが新法施行日後ですので、新法が適用されます。

第3章 契 約　　　181

解　説

1　旧法の規定内容

　旧法において、無催告による解除が認められたのは、下記のケースのみです。債務者から履行拒絶の意思を明確に表示されたのみで、無催告解除を認める規定はありません。

・定期行為の債務不履行（旧法542）（下記2の④に対応）

・債務の一部又は全部の履行不能（旧法543）（下記2の①③（一部の履行不能）、⑥に対応）

　したがって、本ケースでは、無催告解除をすることはできません。

　なお、履行期前の履行拒絶を債務不履行の一類型として捉える見解、すなわち、たとえ履行期前であっても、債務者に債務を履行する意思が全く認められず、かつ、履行をしない意思を覆すことが全く期待できない場合には、それを理由として、（他の要件が充足していることを前提に）損害賠償請求（填補賠償）又は契約解除（無催告解除）を肯定してよいとの見解もありましたが（奥田昌道編『新版　注釈民法(10)Ⅱ債権(1)』67頁（有斐閣、2011）参照）、通説として確立したものとまではいえず、最高裁判例においても、履行拒絶がどのような意味を持つのかについて明確に判断を示すものはありません。

2　新法の規定内容と旧法との違い

　新法542条では、旧法で無催告解除が認められたケースに加えて、下記②③（一部の履行拒絶）⑤⑦についても無催告解除が認められることになりました。

　本ケースで新法が適用されるとすれば、②に該当するかが問題となるところ、履行拒絶の意思が内容証明郵便により通知されているとのことですから、債務者の意思は、終局的かつ確定的なものであるとい

え、無催告解除が認められるでしょう。

(1) 新法542条1項：催告によらない契約の全部解除

① 債務の全部の履行不能（1号）

② 債務者による債務の全部の明確な履行拒絶（2号）

　なお、この場合の「履行拒絶」は、履行が拒絶されればいかなる場合であっても塡補賠償が認められるわけではなく、履行不能に匹敵すること、すなわち、履行拒絶の意思が終局的かつ確定的であることを要します。具体的には、履行拒絶の意思が繰り返し表示されたり、書面で表示されたりすることが必要です（③⑦の「履行拒絶」要件の充足性を判断するに当たっても、同様です。）。

③ 債務の一部履行不能又は一部履行拒絶による契約の目的の達成不能（3号）

④ 定期行為の債務不履行（4号）

⑤ その他、債務者の債務の履行不能による契約目的達成不能（5号）

(2) 新法542条2項：催告によらない契約の一部解除

⑥ 債務の一部の履行不能（1号）

⑦ 債務者による債務の一部の明確な履行拒絶（2号）

3　新・旧の適用判断

　改正法附則32条は、「施行日前に契約が締結された場合におけるその契約の解除については、……なお従前の例による。」と定めています。

　このように契約締結時が施行日の前か後かを判断基準とするのは、契約の当事者は契約を締結した時点において通用している法令の規定が適用されると考えるのが通常であるからです（部会資料85　4頁）。

　本ケースでは、新法施行日前に取引基本契約が締結されたものの、新たに個別契約が締結されたのは新法施行日後です。上記部会資料によれば、新法・旧法どちらが適用されるかは、契約当事者の意思解釈

第3章　契　約　　183

の問題となります。本ケースの個別契約は、売買契約の要素である目的物と代金を定めるものですので、契約の当事者としては、当該個別契約が締結された時点で通用している法令の規定が適用されると考えるのが通常と考えられます。したがって、本ケースの事実関係の下では、新法が適用されると考えてよいでしょう。

　他方で、仮に、取引基本契約及び個別契約、いずれも締結日が新法施行日前である場合、旧法が適用されます。

┌─── 実務の目 ───┐

　本ケースの事実関係においては、個別契約と新法施行日の先後により、新法・旧法の適用判断を行いました。しかしながら、取引基本契約と個別契約が存在する場合、常に、個別契約の締結日が基準となるのではありません。取引基本契約と個別契約、いずれが新法・旧法の適用判断の基準となるかは、契約の要素がどちらで規定されているか（個別契約が付随的な義務のみを定めるにすぎない場合には、取引基本契約の締結日が基準となる可能性が高いです。）、取引基本契約に個別契約を優先して適用する旨の条項が規定されているか（規定されている場合には個別契約の締結日が基準となる可能性が高いです。）等により決まります。

【関連条文】

新　法

（催告によらない解除）

第542条　次に掲げる場合には、債権者は、前条の催告をすることなく、直ちに契約の解除をすることができる。

　一　〔省略〕

二　債務者がその債務の全部の履行を拒絶する意思を明確に表示したとき。

三～五　〔省略〕

2　〔省略〕

| 改正法附則 |

（契約の解除に関する経過措置）

第32条　施行日前に契約が締結された場合におけるその契約の解除については、新法第541条から第543条まで、第545条第3項及び第548条の規定にかかわらず、なお従前の例による。

第3章　契　約　　185

ケース40　債務不履行に基づく無催告解除

施行日前に締結した契約に関し、施行日後に契約目的の達成不可能の事由が発生した場合の無催告解除の可否

　私は、2020年2月1日に、A社経営のリゾートホテルに宿泊できる会員権を購入する契約を締結しました。A社作成のパンフレットには、リゾートホテルは天然温泉の入浴施設が併設されるとうたわれていましたが、会員権購入の時点では建築中でした。ところが、同年5月30日に、リゾートホテルの建設地には天然温泉の入浴施設を造ることができないことが判明し、結局、同年7月1日に、天然温泉の入浴施設のないリゾートホテルが完成してオープンしました。私は、A社の債務不履行を理由として、会員権の売買契約を解除したいと考えていますが、この場合、新法と旧法のいずれが適用されるのでしょうか。

> **回答**　「旧法」が適用されます。

　改正法附則32条においては、施行日前に契約が締結された場合におけるその契約の解除については、なお従前の例によるとされています。
　本ケースでは、会員権の売買契約について解除の事由が生じたのは新法施行後ですが、同契約が締結されたのは新法の施行日前ですので、旧法が適用されることになります。

契約締結日 2020年2月1日	施行日 4月1日	天然温泉の造設 不可が判明 5月30日	リゾートホテル がオープン 7月1日

第3章　契　約

解　　説

1　旧法の規定内容

旧法543条では、「履行の全部又は一部が不能となったときは、債権者は、契約の解除をすることができる」とされており、債権者による無催告解除が認められています。この文言では、①全部不能により契約の全部を解除する場合、②一部不能により契約の一部を解除する場合、③一部不能により契約の全部を解除する場合の区別がなされておらず、履行の一部不能となったときに常に契約の全部解除ができるかのように読めてしまう余地がありました。

この点、通説は、当該契約債権の給付内容が数量的に可分であるか否かを区別した上で、不可分の場合には全部解除を原則として認め、不能の部分が軽少の場合には解除を認めないとし、可分の場合には原則として一部解除を認め、一部不能では契約の目的を達成することができない場合には全部解除を認めるものとしていました。

2　新法の規定内容と旧法との違い

新法では、上記1①の場合は新法542条1項1号で、上記1②の場合は同条2項1号で、上記1③の場合は同条1項3号で、それぞれ無催告解除が認められることが明文化され、履行の一部不能による契約の一部解除又は全部解除が認められる要件及び条文の適用関係を明確にしました。新法542条1項3号では、履行の一部不能による契約の全部解除の可否については、「契約をした目的」を達成することができるか否かという基準によって判断されることが明確になりました。

本ケースでは、A社が作成したリゾートホテルのパンフレットには、天然温泉の入浴施設が併設されるとうたわれていたことからしますと、あなたとしては、当該天然温泉の入浴施設があるとの説明に魅力

第3章　契　約　187

を感じて会員権を購入したとも考えられます。そのような事情が認められる場合には、新法施行後に、天然温泉の入浴施設のないリゾートホテルが完成したことによって、上記会員権の売買契約には履行の一部不能があったことになります。その上で、新法542条1項3号の基準に当てはめて判断しますと、リゾートホテルに天然温泉の入浴施設が併設されるとの説明に魅力を感じて会員権を購入したというような事情が認められる場合には、「契約をした目的」を達成できないとして、上記会員権の売買契約の無催告解除が認められるものと思われます。

3　新・旧の適用判断

　改正法附則32条においては、施行日前に契約が締結された場合におけるその契約の解除については、なお従前の例によるとされています。

　本ケースでは、天然温泉の入浴施設のないリゾートホテルが完成した、すなわち解除の事由が発生したのは、新法施行後になりますが、新法の施行日前にリゾートホテルに宿泊できる会員権の売買契約が締結されていますので、旧法が適用されることになります。

実務の目

　本ケースでは、リゾートホテルに宿泊できる会員権の売買契約に基づく給付債権の中に当該リゾートホテルに天然温泉の入浴施設が併設されていることが含まれているとしますと、売買された会員権に基づく給付債権としては不可分と考えられますので、一部不能の場合に該当し、契約目的の達成の有無で会員権全部の売買契約の無催告解除が認められるか否かを判断することになるという判断の枠組み自体は、旧法でも新法でも変わりません。しかし、新法では、無催告解除ができることが明文化されたことから、

実務的には、本ケースのように一部不能の事由が催告しても無意味な場合には、より無催告で一部不能による全部解除をすることに抵抗が少なくなったとも考えられます。

なお、本ケースとは異なりますが、債務者が履行の一部を拒絶する意思を明確に表示した場合、明文規定のなかった旧法下では、念のため履行を催告してから契約を解除することが多かったと思われますが、新法542条1項3号で「債務者がその債務の一部の履行を拒絶する意思を明確に表示した場合」と明記されたことから、無催告解除をする事例が増えることが予想されます。

【関連条文】

旧 法

（履行不能による解除権）

第543条　履行の全部又は一部が不能となったときは、債権者は、契約の解除をすることができる。ただし、その債務の不履行が債務者の責めに帰することができない事由によるものであるときは、この限りでない。

新 法

（催告によらない解除）

第542条　次に掲げる場合には、債権者は、前条の催告をすることなく、直ちに契約の解除をすることができる。

一　債務の全部の履行が不能であるとき。

二　〔省略〕

三　債務の一部の履行が不能である場合又は債務者がその債務の一部の履行を拒絶する意思を明確に表示した場合において、残存する部分のみでは契約をした目的を達することができないとき。

四・五　〔省略〕

2　次に掲げる場合には、債権者は、前条の催告をすることなく、直ちに契約の一部の解除をすることができる。

第3章 契 約　　　　189

　一　債務の一部の履行が不能であるとき。

　二　〔省略〕

| 改正法附則 |

（契約の解除に関する経過措置）

第32条　施行日前に契約が締結された場合におけるその契約の解除については、新法第541条から第543条まで、第545条第3項及び第548条の規定にかかわらず、なお従前の例による。

第2節　定型約款

ケース41　定型約款の合意の効力

施行日前に締結された定型取引に係る契約の、施行日後の効力

当社は、一般消費者に対して、パソコンのソフトウェアをダウンロード販売しています。ダウンロードに際しては、定型約款を利用したライセンス契約を締結しています。

新法では、定型約款の合意が有効となるための条件が規定されているとのことですが、施行日（2020年4月1日）前に締結されたライセンス契約について、施行日後に顧客から定型約款の合意について無効主張されないか不安です。

施行日前に締結されたライセンス契約の有効・無効を判断するに際しては、新法と旧法どちらが適用されるのでしょうか。

回　答　「旧法」が適用されます。

新法の規定は、改正法附則33条1項本文において、新法の施行日前に締結された定型取引に係る契約についても新法548条の2ないし548条の4の規定が適用されると規定されています。つまり、施行日前の契約についても新法が適用されるのが原則とされています。

しかし、改正法附則33条1項ただし書では、旧法の規定によって生じた効力を妨げないとも規定されています。

つまり、施行日前に締結され、旧法の規定で有効とされた定型約款の効力は、施行日後も効力がそのまま維持されることになるのです。

第3章 契　約

解　説

1　旧法の規定内容

　旧法では、定型約款に関する規定が一切存在しませんでした。

　定型約款の有効性についてはもっぱら判例によってルールが形成されてきました。

　火災保険の事例について、保険加入者は反証のない限り約款の内容による意思で契約をしたものと推定すべきであるとされ、定型約款の効力を認めた古い裁判例があります（大判大4・12・24民録21・2182）。

　他方で、当事者が約款に含まれる条項の内容を認識していなかった場合、その条項が契約内容になったことを否定する裁判例もあります（札幌地判昭54・3・30判時941・111、山口地判昭62・5・21判時1256・86）。

　このため、定型約款の有効性については必ずしも明確なルールが確立しているとはいい難い状況でした。

2　新法の規定内容と旧法との違い

　新法では、定型約款の定義が規定されました（新法548の2①）。

　新法の定型約款規定が適用されるのは、次の①～④を満たすものに限定されています。

①　ある特定の者が不特定多数の者を相手方として行う取引において用いられる（よって、相手方の個性に着目した取引、例えば労働契約等には適用がありません。）

② 取引内容の全部又は一部が画一的であることがその双方にとって合理的な取引である（よって、特に画一的であることが合理的であるわけではない取引、例えば製品原材料の供給契約等には適用がありません。）

③ 契約の内容とすることを目的としてその特定の者により準備される（よって、事業者間で十分に吟味される契約には適用がありません。）

④ 条項の総体（条項の集まりという意味であり、「約款」という名称が使用されるか否かとは無関係です。）

　このような定型約款について、⑦定型約款を契約の内容とする旨の合意をするか、④定型約款準備者があらかじめその定型約款を契約の内容とする旨を相手方に表示していたときに、定型約款の条項が契約内容となります。

　なお、新法548条の2第2項では、「相手方の権利を制限し、又は相手方の義務を加重する条項であって、その定型取引の態様及びその実情並びに取引上の社会通念に照らして第1条第2項に規定する基本原則に反して相手方の利益を一方的に害すると認められるものについては、合意をしなかったものとみなす。」と規定されていますので、このような不公平な条項は、契約内容とはなりません。

3　新・旧の適用判断

　以上のとおり、新法では定型約款が有効となるための条件について明確な規定がされており、新・旧の適用判断は重要です。

　この点、新法の規定は、改正法附則33条1項本文において、新法の施行日前に締結された定型取引に係る契約についても新法548条の2の規定が適用されると規定されています。

　しかし、改正法附則33条1項ただし書において、旧法の規定によって

第3章　契　約　　193

生じた効力を妨げないと規定されています。

　つまり、施行日前に締結され、旧法の規定で有効とされている定型約款の効力は、施行日後も効力はそのまま維持されることになります。その意味では、旧法が適用されるという結論となります。

```
┌──────────────── 実務の目 ────────────────┐
│                                          │
│  　以上のとおり、新法では定型約款が有効となる場合が明確とな │
│  りましたので、新法の施行日後は、条文に適合するように定型約 │
│  款の合意を行う必要があることはいうまでもありません。      │
│  　もっとも、施行日前に締結する契約についても、新法に規定さ │
│  れている要件を充足するならば旧法においても有効となると考え │
│  られますから、施行日前から、条文に適合する条項を入れたり手 │
│  続を行ったりしておくのが賢明です。                      │
│  　顧問弁護士や企業の実務担当者は施行日前から上記のような対 │
│  応をアドバイスすべきです。                            │
│                                          │
└──────────────────────────────────────────┘
```

【関連条文】

新　法

（定型約款の合意）

第548条の2　定型取引（ある特定の者が不特定多数の者を相手方として行う取引であって、その内容の全部又は一部が画一的であることがその双方にとって合理的なものをいう。以下同じ。）を行うことの合意（次条において「定型取引合意」という。）をした者は、次に掲げる場合には、定型約款（定型取引において、契約の内容とすることを目的としてその特定の者により準備された条項の総体をいう。以下同じ。）の個別の条項についても合意をしたものとみなす。

一　定型約款を契約の内容とする旨の合意をしたとき。

二　定型約款を準備した者（以下「定型約款準備者」という。）があらか
　じめその定型約款を契約の内容とする旨を相手方に表示していたと
　き。
2　前項の規定にかかわらず、同項の条項のうち、相手方の権利を制限し、
又は相手方の義務を加重する条項であって、その定型取引の態様及びそ
の実情並びに取引上の社会通念に照らして第1条第2項に規定する基本原
則に反して相手方の利益を一方的に害すると認められるものについて
は、合意をしなかったものとみなす。

| 改正法附則 |

（定型約款に関する経過措置）
第33条　新法第548条の2から第548条の4までの規定は、施行日前に締結さ
　れた定型取引（新法第548条の2第1項に規定する定型取引をいう。）に係
　る契約についても、適用する。ただし、旧法の規定によって生じた効力
　を妨げない。
2　前項の規定は、同項に規定する契約の当事者の一方（契約又は法律の
　規定により解除権を現に行使することができる者を除く。）により反対の
　意思の表示が書面でされた場合（その内容を記録した電磁的記録によっ
　てされた場合を含む。）には、適用しない。
3　前項に規定する反対の意思の表示は、施行日前にしなければならない。

第3章　契　約　　195

ケース42　定型約款の内容の表示と変更

施行日前に締結された定型約款に基づく契約の、施行日後における新法（内容の表示や変更に関する規定）適用の可否

　当社は、車両のレンタルサービスを展開しています。レンタルする相手によっては数か月に及ぶケースもあります。顧客との間では標準約款に基づく契約を締結しています。

　新法では、標準約款について、顧客から請求されると定型約款の内容を表示しなければならなかったり、変更のための手続が規定されていますが、新法施行日（2020年4月1日）前に締結された契約について、施行日後にこれらの新法の適用がありますか。

　新法に基づいて、顧客から定型約款の内容を表示せよと請求されるのでしょうか。また、新法に基づいて約款を変更することはできるでしょうか。

回　答	「新法」が適用されます。ただし、顧客側が施行日前に反対の意思表示をした場合は、新法の適用がなく、旧法の適用となります。

　新法の規定は、改正法附則33条1項本文において、新法の施行日前に締結された定型取引に係る契約についても新法548条の3・548条の4の規定が適用されると規定されています。

　ただし、契約の一方の当事者により反対の意思表示が施行日前に書面でなされた場合には適用されないとされていますので（改正法附則33②③）、このような場合は、新法の適用はなく、旧法の適用となります。

解　説

1　旧法の規定内容

旧法では、定型約款に関する規定が一切存在しませんでした。

もちろん、定型約款の内容の表示請求に関する規定も、約款変更に関する規定もなく、これらに関する権利・義務関係は特に認められていませんでした。

2　新法の規定内容と旧法との違い

新法548条の3第1項では、「定型取引合意の前又は定型取引合意の後相当の期間内に相手方から請求があった場合には、遅滞なく、相当な方法でその定型約款の内容を示さなければならない。ただし、定型約款準備者が既に相手方に対して定型約款を記載した書面を交付し、又はこれを記録した電磁的記録を提供していたときは、この限りでない。」と規定されています。

したがって、定型約款の内容を表示することが定型約款準備者の義務となりました。

なお、同条2項では、「定型約款準備者が定型取引合意の前において前項の請求を拒んだときは、前条の規定は、適用しない。ただし、一時的な通信障害が発生した場合その他正当な事由がある場合は、この限りでない。」と規定されていますが、新法の施行日前の契約について

第3章　契　約　　197

は、同項を充足しなくても、改正法附則33条に基づき、旧法の規定で有効とされている約款についてはそのまま有効となります。

　次に、定型約款の変更についてですが、新法548条の4では、契約の内容を変更できる場合として、①⑦定型約款の変更が、相手方の一般の利益に適合するとき、又は④定型約款の変更が、契約をした目的に反せず、かつ、変更の必要性、変更後の内容の相当性、新法548条の4の規定により定型約款の変更をすることがある旨の定めの有無及びその内容その他の変更に係る事情に照らして合理的なものであるときに（1項）（以上が実体的な要件です。）、②その効力発生時期を定め、かつ、定型約款を変更する旨及び変更後の定型約款の内容並びにその効力発生時期をインターネットの利用その他の適切な方法により周知すればよく（2項）、ただし①④の場合は、②の効力発生時期が到来するまでに②による周知をしなければ、その効力を生じない（3項）（以上が手続的な要件です。）、と規定されています。

　したがって、以上の要件を充足すれば、約款の変更も有効にできることになります。

　いずれにしても旧法には全く規定がなかったものです。

3　新・旧の適用判断

　以上のとおり、新法では定型約款の内容表示の請求が可能となったり、変更が有効となるための条件について明確な規定がされたりしていますから、新・旧の適用判断は重要です。

　この点、新法の規定は、改正法附則33条1項本文において、新法の施行日前に締結された定型取引に係る契約についても新法548条の3・548条の4の規定が適用されると規定されています。

　したがって、原則として、上記各事項についても新法の適用がある

198 　　　　　　　第3章　契　約

ということになります。

　もっとも、契約の一方の当事者により反対の意思表示が施行日前に
書面でなされた場合には適用されないとされていますので（改正法附則
33②③）、このような場合は、新法の適用はなく、旧法の適用となります。

```
┌─────────────────────────────────────────────┐
│　　　　　　　　　　│ 実務の目 │
│
│　　以上のとおり、新法では定型約款の変更の規定があり、新法の
│　施行日後は一定の要件を満たせば約款の内容変更が可能となりま
│　す。
│　　もっとも、新法の施行日後の変更に際して、変更後の約款が有
│　効となるための条件としては、新法548条の4第1項2号に「定型約
│　款の変更が、契約をした目的に反せず、かつ、変更の必要性、変
│　更後の内容の相当性、この条の規定により定型約款の変更をする
│　ことがある旨の定めの有無及びその内容その他の変更に係る事情
│　に照らして合理的なものであるとき」と規定されていますので、
│　この新法の規定に沿う文言を約款中に定めておくと、より約款内
│　容の変更が有効と認められやすいと考えられます。特に将来的な
│　変更可能性を指摘しておくことが重要でしょう。
│　　約款の表示に関しても、約款の中で規定しておく等の対応をし
│　ておけば現場のトラブルも回避できるだろうと考えられます。
└─────────────────────────────────────────────┘
```

【関連条文】

新　法

（定型約款の内容の表示）

第548条の3　定型取引を行い、又は行おうとする定型約款準備者は、定型
　　取引合意の前又は定型取引合意の後相当の期間内に相手方から請求があ

第3章 契 約 199

った場合には、遅滞なく、相当な方法でその定型約款の内容を示さなければならない。ただし、定型約款準備者が既に相手方に対して定型約款を記載した書面を交付し、又はこれを記録した電磁的記録を提供していたときは、この限りでない。

2　定型約款準備者が定型取引合意の前において前項の請求を拒んだときは、前条の規定は、適用しない。ただし、一時的な通信障害が発生した場合その他正当な事由がある場合は、この限りでない。

（定型約款の変更）

第548条の4　定型約款準備者は、次に掲げる場合には、定型約款の変更をすることにより、変更後の定型約款の条項について合意があったものとみなし、個別に相手方と合意をすることなく契約の内容を変更することができる。

一　定型約款の変更が、相手方の一般の利益に適合するとき。

二　定型約款の変更が、契約をした目的に反せず、かつ、変更の必要性、変更後の内容の相当性、この条の規定により定型約款の変更をすることがある旨の定めの有無及びその内容その他の変更に係る事情に照らして合理的なものであるとき。

2　定型約款準備者は、前項の規定による定型約款の変更をするときは、その効力発生時期を定め、かつ、定型約款を変更する旨及び変更後の定型約款の内容並びにその効力発生時期をインターネットの利用その他の適切な方法により周知しなければならない。

3　第1項第2号の規定による定型約款の変更は、前項の効力発生時期が到来するまでに同項の規定による周知をしなければ、その効力を生じない。

4　第548条の2第2項の規定は、第1項の規定による定型約款の変更については、適用しない。

改正法附則

（定型約款に関する経過措置）

第33条　新法第548条の2から第548条の4までの規定は、施行日前に締結された定型取引（新法第548条の2第1項に規定する定型取引をいう。）に係

る契約についても、適用する。ただし、旧法の規定によって生じた効力を妨げない。

2 前項の規定は、同項に規定する契約の当事者の一方(契約又は法律の規定により解除権を現に行使することができる者を除く。)により反対の意思の表示が書面でされた場合(その内容を記録した電磁的記録によってされた場合を含む。)には、適用しない。

3 前項に規定する反対の意思の表示は、施行日前にしなければならない。

第4章　契約各論

202

第1節　売　買

ケース43　売買契約において瑕疵ないし契約不適合
があった場合の解除

施行日前に締結された売買契約において施行日後に目的物に
瑕疵ないし契約不適合が発見された場合における契約解除の
可否

　私は、新法施行日（2020年4月1日）前に、知人が持っていた自作
ＰＣを買ったのですが、施行日後に動画編集をするようになって
不具合が度々生じます。私としては、知人に対して趣味で動画編
集を行うことを説明していたのに、この目的に合致しないＰＣを
売りつけられたのは大変残念な思いです。

　私としては、正直ＰＣが要らなくなったので、売買契約を解除
したいのですが、新法では、解除の方法について旧法から変化が
あったと聞きました。

　新法施行日前の契約を解除する場合に、新法と旧法どちらが適
用されるのでしょうか。

回　答　「旧法」が適用されます。

　改正法附則34条1項には、施行日前に締結された売買契約について
は、なお従前の例による旨が規定されています。

　したがって、売買契約締結日が新法施行日前ならば、旧法が適用さ
れることになります。

解　説

1 旧法の規定内容

旧法では、570条・566条において、瑕疵担保責任に基づく解除が規定されています。

解除の要件として、債務者の帰責事由は要求されていませんが、条文上、瑕疵によって契約目的を達することができない場合には解除ができるとされていました。

2 新法の規定内容と旧法との違い

瑕疵担保責任を定めた旧法に代わり、契約不適合責任を定めた新法564条では、「前2条の規定は、第415条の規定による損害賠償の請求並びに第541条及び第542条の規定による解除権の行使を妨げない。」と規定されています。

要するに、契約不適合がある場合の解除は、債務不履行による一般準則に従って解除することができるようになったのです。

よって契約不適合責任の解除については、催告解除による方法（新法541）と無催告解除による方法（新法542①三前段）が可能となります。

旧法570条・566条とは、解除の要件や方法に大きな違いが生じることから新法と旧法いずれが適用されるかは重要です。

この点、旧法570条・566条は、催告は不要ですが、隠れた瑕疵の存在、買主の善意・無過失、契約目的達成不可能が要件となります。

第 4 章　契約各論　　205

　これに対し、新法541条は、催告を必要としますが、債務不履行が軽微でなければ催告期間経過後に解除が可能です。

　なお、新法542条1項3号では、催告は不要ですが、契約目的達成不可能が要件となります。隠れた瑕疵の存在や買主の善悪については特に要件とはされていないところです。

3　新・旧の適用判断

　以上のとおり、新・旧の適用判断は重要です。

　この点、新法では、改正法附則34条1項において、新法の施行日前に締結された売買契約については、なお従前の例、つまり旧法が適用されると規定されています。

　したがって、上記各事項についても旧法の適用があるということになります。

実務の目

　以上のとおり、新法では、瑕疵担保の規定につき、債務不履行の一般準則が適用されることになりますが、新法施行日前の契約についてはすべからく旧法が適用されることになりますので、混乱は少ないものといえます。

【関連条文】

旧　法

（地上権等がある場合等における売主の担保責任）

第566条　売買の目的物が地上権、永小作権、地役権、留置権又は質権の目的である場合において、買主がこれを知らず、かつ、そのために契約をした目的を達することができないときは、買主は、契約の解除をすること

ができる。この場合において、契約の解除をすることができないときは、損害賠償の請求のみをすることができる。

2・3　〔省略〕

（売主の瑕疵担保責任）

第570条　売買の目的物に隠れた瑕疵があったときは、第566条の規定を準用する。ただし、強制競売の場合は、この限りでない。

新　法

（買主の損害賠償請求及び解除権の行使）

第564条　前2条の規定は、第415条の規定による損害賠償の請求並びに第541条及び第542条の規定による解除権の行使を妨げない。

改正法附則

（贈与等に関する経過措置）

第34条　施行日前に贈与、売買、消費貸借（旧法第589条に規定する消費貸借の予約を含む。）、使用貸借、賃貸借、雇用、請負、委任、寄託又は組合の各契約が締結された場合におけるこれらの契約及びこれらの契約に付随する買戻しその他の特約については、なお従前の例による。

2・3　〔省略〕

第4章　契約各論　　　207

ケース44　特定物売買における危険の移転時期

特定物売買の契約締結後、引渡し前又は引渡し後に目的物が滅失した場合の代金請求の可否

　私は、新法施行日前である2020年3月30日、Aに対して、B建物を代金1,500万円で購入したいと申し込み、Aは、新法施行日後である同年4月15日にこれを承諾しました。

　Bの引渡しは、2020年5月1日と定められました。

　ところが、売買契約の成立後、

①　Bの引渡し前に、第三者の放火によってBが滅失してしまいました。

②　Bの引渡し後に、第三者の放火によってBが滅失してしまいました。

　①又は②の場合、㋐私はAに対して何が請求できるか、㋑Aは私に代金の請求ができるかにつき、旧法と新法では結論が変わると聞きました。

　新法と旧法どちらが適用されるのでしょうか。

> **回　答**　「新法」が適用されます。

　改正法附則30条1項は、「施行日前に締結された契約に係る……危険負担については、なお従前の例による。」と定めています。

　つまり、契約の締結が新法の施行日より前なら旧法が適用され、新法の施行日後なら新法が適用されます。

　本ケースでは、契約締結日はAが承諾した新法施行日後である2020年4月15日なので、新法が適用されます。

解　説

1　旧法の規定内容

　特定物の売買契約締結後に、売主及び買主いずれの責めにも帰することができない事由によって目的物が滅失・損傷した場合に、㋐買主は売主に対して追完請求、代金減額請求、損害賠償請求あるいは契約解除等をすることができるか、㋑売主は買主に対して代金支払請求をすることができるかという問題につき、旧法は以下のとおり規定していました。

　まず、㋐について、買主は売主に対し、損害賠償請求や解除の請求をすることはできず、また、目的物が滅失して目的物の引渡債務を履行することが不可能になっているため、追完請求もすることができないと解されていました。

　次に、㋑について、旧法534条は、特定物に関する物権の設定又は移転を双務契約の目的とした場合において、その物が債務者の責めに帰することができない事由によって滅失し、又は損傷したときは、その滅失又は損傷は、債権者の負担に帰すると規定し、特約がない限り、売主は買主に対して代金請求をすることができることとされていました。

　そのため、旧法下では、本ケースの①でも②でも、特約がない限り、買主は売主に対して損害賠償、解除及び追完の請求をすることができない一方、売主は買主に対して売買代金を請求することができることになっていました。

2 新法の規定内容と旧法との違い

(1) ㋐について（買主は何を請求できるか）

売買契約を締結したのみで、引渡しを受けていない段階から買主に目的物の滅失・損傷の危険を負担させる旧法の規定は、買主にとって過大な危険を負わせる点で妥当ではないとの批判があり、多くの場合、特約等により、目的物が引き渡された時に目的物の滅失・損傷の危険が買主に移転するものとされていました。

そこで、改正法は旧法534条を削除し、新法567条1項前段で、売主が買主に売買の目的物として特定した物を引き渡した場合において、その引渡しがあった時以後にその目的物が当事者双方の責めに帰することができない事由によって滅失し、又は損傷したときは、買主は、その滅失又は損傷を理由として、履行の追完の請求、代金の減額の請求、損害賠償の請求及び契約の解除をすることができないとして、目的物の滅失等についての危険が、目的物の引渡し時に売主から買主に移転すると規定しました。

(2) ㋑について（売主は代金請求できるか）

新法567条1項後段は、売買の目的物が、買主に引き渡された後に当事者双方の責めに帰することができない事由によって目的物が滅失又は損傷したときは、買主は代金の支払を拒むことができない（売主は代金の支払を請求することができる）と規定しました。

(3) 新法を適用した場合の結論

本ケース①は、目的物が引き渡される前ですので、ⓐ買主は契約を解除するか（新法542①一）、代金の支払を拒絶することができ（新法536①）、ⓑ売主は代金請求をすることはできません。

本ケース②は、目的物が引き渡された後ですので、ⓐ買主は追完、代金の減額、損害賠償及び解除の請求をすることができず、代金の支払を拒絶することもできない一方（新法567①）、ⓑ売主は代金請求をすることができます。

3 新・旧の適用判断

　以上のとおり、旧法と新法では、売主及び買主いずれの責めにも帰することができない事由によって目的物が滅失・損傷した場合、売主及び買主の責任が異なるため、新・旧の適用判断は重要です。

　この点、改正法附則30条1項は、「施行日前に締結された契約に係る……危険負担については、なお従前の例による。」と規定しており、契約締結日が新法施行日前であれば旧法、施行日後であれば新法が適用されます。

　本ケースでは、契約が締結されたのは新法施行日後である2020年4月15日ですので、新法が適用されます。

┌─── 実務の目 ───┐

　特定物の売買契約締結後に目的物が滅失・損傷した場合に、売主及び買主がどのような請求ができるかという問題については、新法と旧法で売主及び買主の責任が大きく変わりました。

　そのため、実際に紛争が起きた場合はもちろん、契約書等の記載も、新法に準拠するものに改訂していく必要があるでしょう。

【関連条文】

旧　法

（債権者の危険負担）

第534条　特定物に関する物権の設定又は移転を双務契約の目的とした場合において、その物が債務者の責めに帰することができない事由によって滅失し、又は損傷したときは、その滅失又は損傷は、債権者の負担に帰する。

2　不特定物に関する契約については、第401条第2項の規定によりその物が確定した時から、前項の規定を適用する。

第4章　契約各論　　211

新法

（債務者の危険負担等）

第536条　当事者双方の責めに帰することができない事由によって債務を履行することができなくなったときは、債権者は、反対給付の履行を拒むことができる。

2　債権者の責めに帰すべき事由によって債務を履行することができなくなったときは、債権者は、反対給付の履行を拒むことができない。この場合において、債務者は、自己の債務を免れたことによって利益を得たときは、これを債権者に償還しなければならない。

（目的物の滅失等についての危険の移転）

第567条　売主が買主に目的物（売買の目的として特定したものに限る。以下この条において同じ。）を引き渡した場合において、その引渡しがあった時以後にその目的物が当事者双方の責めに帰することができない事由によって滅失し、又は損傷したときは、買主は、その滅失又は損傷を理由として、履行の追完の請求、代金の減額の請求、損害賠償の請求及び契約の解除をすることができない。この場合において、買主は、代金の支払を拒むことができない。

2　売主が契約の内容に適合する目的物をもって、その引渡しの債務の履行を提供したにもかかわらず、買主がその履行を受けることを拒み、又は受けることができない場合において、その履行の提供があった時以後に当事者双方の責めに帰することができない事由によってその目的物が滅失し、又は損傷したときも、前項と同様とする。

改正法附則

（契約の効力に関する経過措置）

第30条　施行日前に締結された契約に係る同時履行の抗弁及び危険負担については、なお従前の例による。

2　新法第537条第2項及び第538条第2項の規定は、施行日前に締結された第三者のためにする契約については、適用しない。

ケース45　買主の追完請求権

売買契約の目的物に瑕疵ないし契約不適合があった場合における、買主の追完請求の可否

　私は、新法施行日前である2020年3月30日、Aに対して、Aの所有するパソコンを代金5万円で売ってほしいと申し入れたところ、Aは新法施行日後である同年4月2日に、これを承諾しました。

　その後、私はAから、当該パソコンの引渡しを受けましたが、当該パソコンのディスプレイにひび割れがありました。

　私は、Aに対して、ディスプレイにひび割れのないパソコンの引渡しを求めたいと思っていますが、旧法と新法では、結論が変わると聞きました。

　今回の場合、新法と旧法どちらが適用されるのでしょうか。

> **回答**　「新法」が適用されます。

　改正法附則34条1項は、「施行日前に……売買……契約が締結された場合におけるこれらの契約及び……その他の特約については、なお従前の例による。」と定めています。

　つまり、契約の締結が新法の施行日より前なら旧法が適用され、新法の施行日後なら新法が適用されます。

　本ケースでは、契約締結日はAが承諾した2020年4月2日で、新法施行日後なので、新法が適用されます。

申込み 2020年3月30日	施行日 4月1日	承諾 4月2日	ディスプレイにひび割れが あることが判明

第4章　契約各論　　　213

解　説

1　旧法の規定内容

　旧法570条及び566条では、売買の目的物に隠れた瑕疵があったとき、売主は瑕疵担保責任を負う、と規定されていましたが、旧法下では、瑕疵担保責任の法的性質につき、法定責任説と契約責任説が対立していました。

　法定責任説では、特定物売買における売主の義務は、その特定物を現状のまま引き渡すことに尽きる、と考えるため、売買の目的である特定物に契約の当事者が想定していなかった欠陥があった場合でも、売主はそれを買主に引き渡すことで完全な履行をしたことになります。

　そのため、売主は債務不履行責任を負わず、買主は追完請求（欠陥のない物の引渡しを求めること）をすることはできません。

　そして、それでは買主に酷だということで、民法が売買の目的物に瑕疵があった場合に売主の責任として法定したのが瑕疵担保責任ということになります。

　これに対し、契約責任説では、不特定物売買の場合はもちろん、特定物売買においても、売主には瑕疵のない物（契約内容に適合する物）を引き渡す義務があり、目的物に瑕疵があれば、売主は債務不履行責任を負うと考えます。

　そのため、売買の目的物が契約内容に適合しない場合、買主は売主に対し、完全履行請求（契約内容に適合する物の給付を求めること）をすることができます。

　旧法では、瑕疵担保責任の法的性質につき法定責任説と契約責任説が対立し、その要件及び効果が必ずしも明確でなかったため、特約等で瑕疵があった場合の責任を規定していました。

2　新法の規定内容と旧法との違い

　新法では、瑕疵担保責任の法的性質は契約責任であり、売主は契約の内容に適合した物を引き渡す義務を負うとの考え方をとりました。

　その結果、新法で「瑕疵」とは、種類、品質又は数量に関して契約の内容に適合しないこと、という意味であり、旧法で要求されていた「隠れた」という要件は不要になりました。

　そして、新法562条1項本文は、売主から引き渡された物に瑕疵がある場合に、買主が売主に対して目的物の修補請求や、代替物又は不足分の引渡請求をすることを認めました。

　追完の方法については、新法562条1項本文で、売買の目的物の追完の方法が複数ある場合には、原則として、買主がその追完の方法を選択できるとしつつ、同項ただし書で例外的に、売主が選択する追完の方法が買主に不相当な負担を課すものでないときには、売主が追完の方法を選択できると定めています。

　本ケースでは、売買の目的物となったパソコンのディスプレイにひび割れがあり、契約内容に適合していないため、買主はディスプレイのひび割れを修補すること、あるいは、ディスプレイのひび割れがない同品質のパソコンの引渡しを求めることができます。

3　新・旧の適用判断

　改正法附則34条1項は、施行日前に売買契約が締結された場合、なお従前の例によると規定して、売買契約が締結されたのが新法施行日前であれば旧法が、新法施行日後であれば新法が適用されることとしています。

　本ケースでは、承諾の意思表示がなされた、新法施行日後である2020年4月2日に売買契約が成立していますので、新法が適用されて、買主は売主に対して追完請求をすることができます。

第4章　契約各論　　215

┌─────────────── 実務の目 ───────────────┐

　新法によって売買の目的物に瑕疵があった場合のルールが整備
され、追完請求をする場合の要件や効果が明文化されました。

　これらの規定は任意規定ではありますが、旧法下では追完請求
が認められないと考えられてきた場合でも、新法によれば追完請
求が可能となる場合も考えられるため、契約書等の見直しが必要
になる可能性があります。

　また、新法562条第1項ただし書の「買主に不相当な負担を課す
るものでないとき」の具体的な内容が不明確であるため、今後の
裁判例の集積が望まれます。

└──────────────────────────────────────┘

【関連条文】

旧　法

（地上権等がある場合等における売主の担保責任）

第566条　売買の目的物が地上権、永小作権、地役権、留置権又は質権の目
　的である場合において、買主がこれを知らず、かつ、そのために契約をし
　た目的を達することができないときは、買主は、契約の解除をすること
　ができる。この場合において、契約の解除をすることができないときは、
　損害賠償の請求のみをすることができる。

2　前項の規定は、売買の目的である不動産のために存すると称した地役
　権が存しなかった場合及びその不動産について登記をした賃貸借があっ
　た場合について準用する。

3　前2項の場合において、契約の解除又は損害賠償の請求は、買主が事実
　を知った時から1年以内にしなければならない。

（売主の瑕疵担保責任）

第570条　売買の目的物に隠れた瑕疵があったときは、第566条の規定を準
　用する。ただし、強制競売の場合は、この限りでない。

新　法

（買主の追完請求権）

第562条　引き渡された目的物が種類、品質又は数量に関して契約の内容に
適合しないものであるときは、買主は、売主に対し、目的物の修補、代替
物の引渡し又は不足分の引渡しによる履行の追完を請求することができ
る。ただし、売主は、買主に不相当な負担を課するものでないときは、買
主が請求した方法と異なる方法による履行の追完をすることができる。

2　前項の不適合が買主の責めに帰すべき事由によるものであるときは、
買主は、同項の規定による履行の追完の請求をすることができない。

改正法附則

（贈与等に関する経過措置）

第34条　施行日前に贈与、売買、消費貸借（旧法第589条に規定する消費貸
借の予約を含む。）、使用貸借、賃貸借、雇用、請負、委任、寄託又は組合
の各契約が締結された場合におけるこれらの契約及びこれらの契約に付
随する買戻しその他の特約については、なお従前の例による。

2　前項の規定にかかわらず、新法第604条第2項の規定は、施行日前に賃
貸借契約が締結された場合において施行日以後にその契約の更新に係る
合意がされるときにも適用する。

3　第1項の規定にかかわらず、新法第605条の4の規定は、施行日前に不動
産の賃貸借契約が締結された場合において施行日以後にその不動産の占
有を第三者が妨害し、又はその不動産を第三者が占有しているときにも
適用する。

第4章　契約各論　　217

ケース46　買主の権利行使期間

売買契約の目的物に瑕疵ないし契約不適合があった場合における、買主の売主に対する権利行使期間

　私は、新法施行日後である2020年4月15日に、自宅を建築するため、Aが所有する甲土地を代金2,000万円で購入しました。

　代金は、1坪当たり25万円で、甲土地が80坪であったため、25万円×80坪という計算で2,000万円になりました。

　ところが、

①　引渡しを受けた後の2022年4月15日に、甲土地の一部につき、法令上の制限があり、建物を建てることができないと判明しました。

②　引渡しを受けた後の2022年4月15日に、甲土地が実は75坪しかなかったことが判明しました。

　私はAに対して、損害賠償請求をしたいと考えていますが、旧法が適用されるか新法が適用されるかで、損害賠償請求をすることができる期間に違いが出ると聞きました。

　この場合、新法と旧法のどちらが適用されるのでしょうか。

回答　「新法」が適用されます。

　改正法附則34条1項は、「施行日前に……売買……契約が締結された場合におけるこれらの契約及び……その他の特約については、なお従前の例による。」と定めています。

　つまり、契約の締結が新法の施行日より前なら旧法が適用され、新法の施行日後なら新法が適用されます。

本ケースでは、契約締結日は新法施行日後である2020年4月15日なので、新法が適用されます。

解　説

1　旧法の規定内容

　旧法570条が準用していた旧法566条3項は、売買の目的物に隠れた瑕疵があった場合、解除又は損害賠償の請求は、買主が目的物に瑕疵があることを知った時から1年以内にしなければならない、と規定していました。

　これは、売買契約の売主は、売買の目的物を引き渡したことをもって自らの義務を完全に履行したと信じるのが通常であるところ、長期間経過後に売買の目的物に瑕疵があったとして責任追及をされると、売主に不測の損害が生じるし、また、契約関係が不安定になるため、これを防止し、瑕疵等をめぐる紛争を早期に解決するという理由によるものです。

　旧法566条3項の1年間は除斥期間であり、また、買主が売主に損害賠償請求をする場合、当該期間内に、具体的に瑕疵の内容とそれに基づく損害賠償請求をする旨を表明し、請求する損害額の根拠を示す必要があるとされていました（最判平4・10・20判時1441・77）。

　以上より、旧法が適用される場合、本ケース①及び②では、旧法566条3項に基づき、上記判例の要件につき明らかにした上で、瑕疵がある

第4章　契約各論　　219

ことを知った時から1年以内に瑕疵の内容と損害賠償請求をする旨を
売主に表明すれば、損害賠償請求をすることができる、ということに
なります。

2　新法の規定内容と旧法との違い

　買主の権利行使期間につき、旧法566条3項は削除され、新法566条が
規定されました。

　新法566条本文は、売買の目的物につき、その種類及び品質に不適合
があった場合には、買主が不適合を知った時から1年以内にその旨を
売主に通知しないときは、担保責任の追及ができなくなると規定して
います。

　これに対し、目的物の数量や権利移転義務の不適合の場合には、新
法566条の適用はなく、消滅時効の一般原則（新法166）によって規律さ
れます。

　新法566条の適用範囲が、種類及び品質の不適合の場合に限られ、数
量及び権利移転義務の不適合の場合が除外されたのは、数量及び権利
移転義務の不適合の場合、外形的に不適合の事実が明らかな場合が多
く、権利関係を早期に確定させる必要性が乏しいと考えられたためで
す。

　また、旧法では、上記のとおり、買主は売主に対して、瑕疵を知った時
から1年以内に、具体的に瑕疵の内容とそれに基づく損害賠償請求を
する旨を表明し、請求する損害額の根拠を示すことが必要でしたが、
新法では、契約不適合の事実を通知すれば足りることとなりました。

　以上より、新法が適用される場合、本ケース①は、新法566条により、
契約不適合があることを知った時から1年以内に、売主に対して目的
物が契約内容に適合しない旨表明すれば、損害賠償請求をすることが
できます。

次に、本ケース②は、数量に関する瑕疵であるため、新法566条の適用はなく、消滅時効の一般原則（新法166）のとおり、権利を行使できることを知った時から5年以内、かつ権利を行使できる時から10年以内であれば、損害賠償請求をすることができます。

3 新・旧の適用判断

改正法附則34条1項は、施行日前に売買契約が締結された場合、なお従前の例によると規定して、売買契約が締結されたのが新法施行日前であれば旧法が、新法施行日後であれば新法が適用されることとしています。

本ケースでは、新法施行日後である2020年4月15日に売買契約が成立していますので、新法が適用されることになります。

実務の目

瑕疵担保責任の法的性質及び権利行使期間の変更によって、数量又は権利移転義務に関する瑕疵については、1年間の権利行使期間の制限を受けなくなった点、売主に対して単に契約不適合の事実を通知すれば足りることとなった点で、担保責任の追及が容易になりました。

他方で、不特定物にも担保責任における権利行使期間の規定が適用されることになったため、この点では、買主の権利行使が制限されることになりました。

個別の契約の場面でも、契約書の記載に関しても、これを前提にアドバイスをする必要があります。

第4章　契約各論　　221

【関連条文】

旧　法

（地上権等がある場合等における売主の担保責任）

第566条　売買の目的物が地上権、永小作権、地役権、留置権又は質権の目的である場合において、買主がこれを知らず、かつ、そのために契約をした目的を達することができないときは、買主は、契約の解除をすることができる。この場合において、契約の解除をすることができないときは、損害賠償の請求のみをすることができる。

2　前項の規定は、売買の目的である不動産のために存すると称した地役権が存しなかった場合及びその不動産について登記をした賃貸借があった場合について準用する。

3　前2項の場合において、契約の解除又は損害賠償の請求は、買主が事実を知った時から1年以内にしなければならない。

（売主の瑕疵担保責任）

第570条　売買の目的物に隠れた瑕疵があったときは、第566条の規定を準用する。ただし、強制競売の場合は、この限りでない。

新　法

（債権等の消滅時効）

第166条　債権は、次に掲げる場合には、時効によって消滅する。

一　債権者が権利を行使することができることを知った時から5年間行使しないとき。

二　権利を行使することができる時から10年間行使しないとき。

2　債権又は所有権以外の財産権は、権利を行使することができる時から20年間行使しないときは、時効によって消滅する。

3　前2項の規定は、始期付権利又は停止条件付権利の目的物を占有する第三者のために、その占有の開始の時から取得時効が進行することを妨げない。ただし、権利者は、その時効を更新するため、いつでも占有者の承認を求めることができる。

改正法附則

（贈与等に関する経過措置）

第34条　施行日前に贈与、売買、消費貸借（旧法第589条に規定する消費貸

借の予約を含む。)、使用貸借、賃貸借、雇用、請負、委任、寄託又は組合
の各契約が締結された場合におけるこれらの契約及びこれらの契約に付
随する買戻しその他の特約については、なお従前の例による。
2　前項の規定にかかわらず、新法第604条第2項の規定は、施行日前に賃
貸借契約が締結された場合において施行日以後にその契約の更新に係る
合意がされるときにも適用する。
3　第1項の規定にかかわらず、新法第605条の4の規定は、施行日前に不動
産の賃貸借契約が締結された場合において施行日以後にその不動産の占
有を第三者が妨害し、又はその不動産を第三者が占有しているときにも
適用する。

第4章 契約各論 223

第2節 賃貸借

ケース47 貸主の損害賠償請求権についての消滅時効

施行日前に締結された賃貸借契約につき、施行日後に用法違反
による損傷が生じた場合の貸主の損害賠償請求権の消滅時効

　当社は、不動産賃貸業を営んでいます。新法では、借主の用法
違反に関する損害賠償請求権の消滅時効について改正されたよう
ですが、新法施行日（2020年4月1日）前に締結した賃貸借契約に
つき、施行日後に用法違反があった場合、新法と旧法どちらが適
用されますか。

　例えば、施行日前である2016年4月1日に賃貸期間15年で賃貸し
た建物につき、2031年3月31日に期間満了で明渡しを受けたとこ
ろ、施行日後である2020年8月20日の用法違反による損傷が判明
した場合、当社は、賃借人に損害賠償請求することができますか。

回　答　「旧法」が適用されます。

　改正法附則34条1項においては、新法の施行日前に賃貸借契約が締
結された場合、賃貸借契約の契約及び特約については、従前の例によ
るとされています。つまり、旧法が適用されるとされています。

　その結果、本ケースにおいては、旧法が適用される結果、既に消滅
時効が完成しており、時効を援用されれば、賃借人に損害賠償請求す
ることはできません。

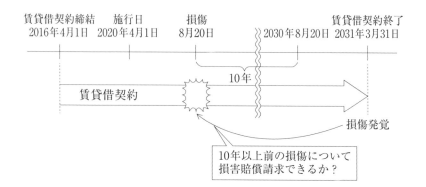

解　説

1　旧法の規定内容

　旧法では、621条で準用される600条において、「契約の本旨に反する使用又は収益によって生じた損害の賠償……は、貸主が返還を受けた時から1年以内に請求しなければならない。」とする一方で、当該損害賠償請求権は、消滅時効の一般原則の規律（借主が用法違反をした時から10年が経過することにより時効消滅する（旧法167①・415））にも服すると解されていました。

　しかし、そうだとすると、賃貸借の期間が長期間にわたる場合には、賃貸借契約継続中に、用法違反から10年間の消滅時効期間が経過してしまう事態が生じ得ます。その場合、貸主は、目的物の状況を確認できず、借主の用法違反を把握できないままに消滅時効が進行し、目的物の返還を受けて用法違反を把握した時には既に消滅時効が完成しており、損害賠償請求ができないという不合理な結果となります。

2　新法の規定内容と旧法との違い

　新法では、このような不合理を解消するため、規定を整備しました。すなわち、新法622条で準用される新法600条1項において、旧法600条

第4章　契約各論　　225

の規定を維持する一方、新法600条2項においては、「前項の損害賠償の請求権については、貸主が返還を受けた時から1年を経過するまでの間は、時効は、完成しない。」として、時効の完成猶予の規定を設けました。

　これにより、賃貸借期間中に損害賠償請求権が消滅時効期間を経過してしまうという事態は解消され、貸主は、返還後1年以内であれば、借主に対して損害賠償請求をすることが可能となりました。

3　新・旧の適用判断

　以上のとおり、新法では、貸主の損害賠償請求権の行使を担保する改正がなされており、新法・旧法のどちらが適用されるかにより、結論が大きく左右されることになります。

　改正法附則34条1項においては、改正法の施行日前に賃貸借契約が締結された場合、賃貸借契約の契約及び特約については、従前の例による、つまり旧法が適用されるとされています。したがって、本ケースの場合、旧法が適用され、貸主の借主に対する損害賠償請求権は、2030年8月20日の経過をもって消滅時効期間が完成します。そのため、明渡し後に用法違反を把握した貸主が損害賠償請求をしても、借主に消滅時効を援用されれば、損害賠償請求権は消滅してしまうことになります。

　なお、契約が新法施行日後に更新された場合、旧法と新法のどちらが適用されるかは、更新の性質（更新後の契約について新法が適用されることへの期待があるといえるか）に左右されます（ケース49を参照してください。）。

```
┌────────────── 実務の目 ──────────────┐
```

　時効の完成を猶予する期間を目的物の返還から1年としたのは、

新法600条1項の除斥期間と一貫させるためです。改正後は、損害賠償請求権の行使は「目的物の返還から1年以内」と考えれば問題ありません。

　新法の方が賃貸人に有利な内容となっていますので、新法施行日以後はもちろん、新法施行日前に契約締結する場合であっても、新法に沿う内容で賃貸借契約書の改訂を行っておくと有益です。

【関連条文】

旧　法

（損害賠償及び費用の償還の請求権についての期間の制限）

第600条　契約の本旨に反する使用又は収益によって生じた損害の賠償及び借主が支出した費用の償還は、貸主が返還を受けた時から1年以内に請求しなければならない。

新　法

（損害賠償及び費用の償還の請求権についての期間の制限）

第600条　契約の本旨に反する使用又は収益によって生じた損害の賠償及び借主が支出した費用の償還は、貸主が返還を受けた時から1年以内に請求しなければならない。

2　前項の損害賠償の請求権については、貸主が返還を受けた時から1年を経過するまでの間は、時効は、完成しない。

改正法附則

（贈与等に関する経過措置）

第34条　施行日前に贈与、売買、消費貸借（旧法第589条に規定する消費貸借の予約を含む。）、使用貸借、賃貸借、雇用、請負、委任、寄託又は組合の各契約が締結された場合におけるこれらの契約及びこれらの契約に付随する買戻しその他の特約については、なお従前の例による。

2・3　〔省略〕

ケース48 賃借物の一部滅失による賃料の減額

施行日前に締結された賃貸借契約につき、施行日後に賃借物が一部滅失した場合の賃料減額請求権

　私は、新法施行日（2020年4月1日）前である2015年10月から、賃貸期間10年で、母屋と離れからなる建物を借りていますが、新法施行日後である2022年9月の台風で、離れの屋根が吹き飛ばされて、離れ全体が使用できなくなってしまいました。

　新法では、大家さんにわざわざ賃料減額請求しなくても、当然に賃料が減額されると聞きましたが、新法施行日前に締結された賃貸借契約について、施行日後に賃借物が一部滅失した場合には、新法と旧法どちらが適用されるのでしょうか。

回答　「旧法」が適用されます。

　改正法附則34条1項においては、新法の施行日前に賃貸借契約が締結された場合、賃貸借契約の契約及び特約については、従前の例による、つまり、旧法が適用されるとされています。

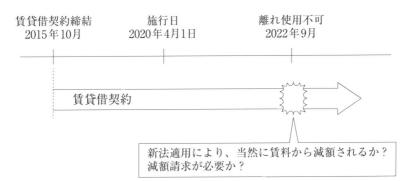

228　　　第4章　契約各論

解　説

1　旧法の規定内容

　旧法611条1項では、「賃借物の一部が賃借人の過失によらないで滅失したときは、賃借人は、その滅失した部分の割合に応じて、賃料の減額を請求することができる。」と規定されていました。すなわち、①文言上は、賃料減額請求ができる場面が、賃借物の一部が滅失した場合に限られていました。また、②賃借人からの請求がなければ賃料は減額されませんでした。

　しかし、賃借物について十分な使用収益ができなくなるのは、一部滅失の場合に限られず、その他の事情により十分な使用収益ができない場合にも広く該当します。したがって、十分な使用収益ができない場合全般に賃料減額を認めるのが合理的であり、実務上もそのように解釈されてきました。

　また、賃料は、賃借物の使用収益の対価ですので、賃借物の一部滅失によって十分使用収益ができなくなった場合には、賃料もその使用収益不能の割合に応じて当然に発生しないと考えるのが合理的ではないかとの見解が示されていました。

2　新法の規定内容と旧法との違い

　新法では、以上の解釈、指摘を踏まえ、新法611条1項で、「賃借物の一部が滅失その他の事由により使用及び収益をすることができなくなった場合において、それが賃借人の責めに帰することができない事由によるものであるときは、賃料は、その使用及び収益をすることができなくなった部分の割合に応じて、減額される。」と規定されました。

　これにより、一部滅失に限らず、十分な使用収益ができなくなった

第4章　契約各論　　229

場合一般に賃料減額が認められることとなりました。また、十分な使用収益ができなくなったことをもって、賃借人の請求を待たず、当然に賃料減額が認められることとなりました。

3　新・旧の適用判断

　以上のとおり、新法では、賃料減額できる場面を明文上も拡大し、かつ、十分な使用収益ができないという事実をもって当然に賃料が減額されるとすることで、賃借人を保護する改正がなされており、新法・旧法のどちらが適用されるかにより、結論が大きく左右されることになります。

　改正法附則34条1項においては、改正法の施行日前に賃貸借契約が締結された場合、賃貸借契約の契約及び特約については、従前の例による、つまり旧法が適用されるとされています。したがって、本ケースの場合、賃借人は、賃貸人に賃料減額請求しない限りは、賃料を減額することはできません。

実務の目

　債権法改正により、賃借人が請求せずとも、十分な使用収益ができなくなったことをもって当然に賃料減額が認められることとなりました。

　もっとも、旧法下でも、賃料減額の請求は形成権であり、かつ、請求権が行使されると、請求時ではなく、一部滅失の時に遡って効力を生じるというのが通説的見解でした。そのため、実際には、新法と旧法とでは大きな違いはないと考えられます。

【関連条文】

旧　法

（賃借物の一部滅失による賃料の減額請求等）

第611条　賃借物の一部が賃借人の過失によらないで滅失したときは、賃借人は、その滅失した部分の割合に応じて、賃料の減額を請求することができる。

2　〔省略〕

新　法

（賃借物の一部滅失等による賃料の減額等）

第611条　賃借物の一部が滅失その他の事由により使用及び収益をすることができなくなった場合において、それが賃借人の責めに帰することができない事由によるものであるときは、賃料は、その使用及び収益をすることができなくなった部分の割合に応じて、減額される。

2　〔省略〕

改正法附則

（贈与等に関する経過措置）

第34条　施行日前に贈与、売買、消費貸借（旧法第589条に規定する消費貸借の予約を含む。）、使用貸借、賃貸借、雇用、請負、委任、寄託又は組合の各契約が締結された場合におけるこれらの契約及びこれらの契約に付随する買戻しその他の特約については、なお従前の例による。

2・3　〔省略〕

第4章　契約各論　　231

ケース49　賃貸借契約の更新

施行日前に締結された賃貸借契約が施行日後に更新された場合の新法適用の有無

　当社は、不動産賃貸業を営んでいます。当社の定型の賃貸借契約書は、期間満了の3か月前までに解約の申出がない限りは契約を自動更新するとの規定が設けられています。他方、当社の契約書では、賃借人による修繕の規定は設けておらず、賃借人との間でトラブルになることが稀にありました。

　新法では、賃借人が修繕できる場面が明確にされたそうですが、新法施行日である2020年4月1日より前に締結した契約を、新法施行日よりも後に更新した場合、新法と旧法のどちらが適用されますか。

回　答　「新法」が適用されると考えられます。

　契約更新が当事者の意思に基づくものであるか否かによって結論が分かれますが、本ケースの場合、契約書上、自動更新事由が定められているため、当事者の合意による更新といえそうです。

　それを前提とすると、契約更新が当事者の合意による場合には、契約更新の合意の時点で、それ以降の契約関係には新法が適用されることへの期待があるといえますので、更新後の契約には新法が適用されます。

　もっとも、当事者の合理的意思解釈として、当該契約について当事者が旧法を前提としていると評価できる場合には、更新後も旧法が適用されると解釈する余地もあると考えます。

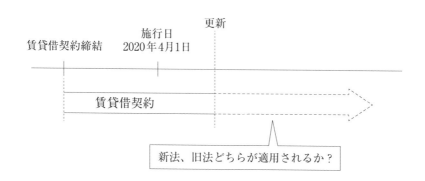

解　説

1　旧法の規定内容

　旧法606条1項では、「賃貸人は、賃貸物の使用及び収益に必要な修繕をする義務を負う。」と定めていただけで、賃借人による修繕の規定はありませんでした。

　目的物に物理的変更を加えるため、所有者である賃貸人が修繕を行うことが適切であるという価値判断によるものですが、例外的に、賃貸人が修繕しない場合や緊急を要する場合には、賃借人による修繕を認めるべきであると解釈されてきました。

2　新法の規定内容と旧法との違い

　新法607条の2で、①賃貸人が、賃借人から修繕が必要である旨を通知され、又は修繕が必要であることを知ったにもかかわらず、相当期間内に修繕しないとき、②急迫の事情があるときには、賃借人が目的物の修繕をすることができると規定し、どのような場合に賃借人が修繕できるかが明記されました。

　旧法と比較すると、賃借人による修繕が可能な場面が明確になったといえます。

3　新・旧の適用判断

改正法附則34条1項において、改正法の施行日前に賃貸借契約が締結された場合、賃貸借契約の契約及び特約については、従前の例による、つまり、旧法が適用されるとされています。

契約更新を、それまでの契約の延長とみるのか、新たな契約の締結とみるのか、同附則の解釈が問題となりますが、判断基準は、契約更新の時点で、当事者に、更新後の契約について新法が適用されることへの期待があるか否かにあると考えられます。新法が適用されることへの期待があると認められる場合には、更新後の契約には新法が適用されます。

契約の更新には、当事者間の合意によるものと、法律の規定に基づくものとがありますので、分けて検討します。

(1)　当事者間の合意による更新

一般に、契約当事者は、契約締結時点で通用している法令が、契約に適用されるものと考えるのが通常です。したがって、当事者間の合意による更新の場合、契約更新の合意がなされた時点で、以後の契約には新法が適用されることへの期待があるといえます。更新前の契約を締結した時点で当事者が有していた、その時点で通用していた旧法が契約に適用されることへの期待を保護する必要性は、既に失われています。

そのため、更新後の契約には新法が適用されることになります。

なお、契約期間満了時に改めて更新の合意をするのではなく、本ケースのように、期間満了前に当事者のどちらかが解約を申し出ない限り契約が自動更新される場合にも、このような論理が通用するのかが問題となりますが、この場合でも、契約期間満了までに契約を終了させないという不作為があることをもって、更新の合意があったと評価できると考えられています（筒井健夫＝村松秀樹編著『一問一答・民法（債権関係）改正』383頁（商事法務、2018））。

（2） 法律の規定に基づく更新

　法律の規定に基づく更新については、その性質、法的根拠にも左右されると考えられます。

　民法619条1項（賃貸人が、期間満了後の賃借人による使用収益を知りながら異議を述べなかった場合）等、当事者の黙示の合意を根拠とするものは、施行日以後に合意があったものとして、当事者の合意による更新と同等に扱うことができます。

　他方、借地借家法26条（当事者が期間満了の一定期間前に相手方に対して更新をしない旨の通知をしなかった場合）等、当事者の意思を根拠とすることができないものについては、当事者間に新法が適用されることへの期待があるとは言えず、更新後も旧法が適用されることになります（筒井＝村松編著・前掲383頁）。

（3） 私　見

　もっとも、私見ではありますが、当事者の合意による更新に該当する場合であっても、当事者の合理的意思解釈として、当該契約について当事者が旧法を前提としていると評価できるとき（利害関係の変動が著しい場合等には、当事者が旧法に基づく権利義務関係を前提に契約関係を築いていたと評価すべき局面もあると思われます。）には、更新後であっても旧法が適用されると解釈する余地があると考えます。実務の蓄積が待たれるところです。

───┤ 実務の目 ├───

　実務上、更新の際に新法と旧法のどちらが適用されるのかが問題になる局面は、強行規定や契約書には明確な規定がない事項が主であると思われます。

第4章　契約各論　　　235

　強行規定ではなく、かつ、契約書上明確な規定がある場合には、更新後も当該契約内容が通用するものと考えられます。

　したがって、新法の影響を排除したいのであれば、契約書に明確に記載しておくことが有用です。

【関連条文】

新　法

（賃借人による修繕）

第607条の2　賃借物の修繕が必要である場合において、次に掲げるときは、賃借人は、その修繕をすることができる。

　一　賃借人が賃貸人に修繕が必要である旨を通知し、又は賃貸人がその旨を知ったにもかかわらず、賃貸人が相当の期間内に必要な修繕をしないとき。

　二　急迫の事情があるとき。

改正法附則

（贈与等に関する経過措置）

第34条　施行日前に贈与、売買、消費貸借（旧法第589条に規定する消費貸借の予約を含む。）、使用貸借、賃貸借、雇用、請負、委任、寄託又は組合の各契約が締結された場合におけるこれらの契約及びこれらの契約に付随する買戻しその他の特約については、なお従前の例による。

2・3　〔省略〕

| ケース50 | 賃貸借契約に付随する保証契約 |

施行日前に締結された賃貸借契約が更新された場合の、賃貸借契約に付随する保証契約に対する新法適用の有無

　私は、新法施行日前である2018年10月1日、弟が賃貸期間2年で建物を賃借するに当たって、連帯保証人となりました。その時の契約書上は、保証金額の上限等は設けられていませんでしたが、新法では、連帯保証人の責任の範囲が限定されることになったと聞きました。2020年10月1日に賃貸借契約が更新された後は、連帯保証人である私の責任が軽減されるのでしょうか。

　賃貸借契約が更新された後には、新法と旧法どちらが適用されるのか、教えてください。

回　答　「旧法」が適用されます。

　改正法附則21条1項においては、改正法の施行日前に締結された保証契約に係る保証債務については、従前の例による、つまり、旧法が適用されるとされています。

　賃貸借契約に伴う保証契約は、更新後に生ずる賃借人の債務についても保証する趣旨でなされると解されており、賃貸借契約の更新に伴って保証契約まで更新されるわけではありません。したがって、旧法が適用されることになります。

第4章　契約各論

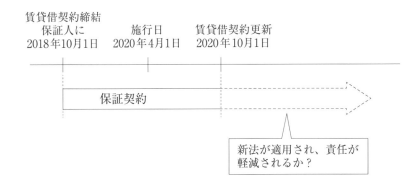

解　説

1　旧法の規定内容

　旧法465条の2では、個人が保証人となる貸金等根保証契約については、極度額を定めることが有効要件とされていたものの、賃貸借契約に係る債務の保証等、貸金債務以外の根保証契約については、極度額を定めることは有効要件とされていませんでした。また、元本確定事由についての定めも、貸金等根保証契約についてしか定められていませんでした。

　その結果、賃貸借契約の保証人は、想定以上の保証債務を負担せざるを得なくなったり、また、賃借人死亡後、相続人が所在不明で、明渡しが円滑に進まない等により、高額の滞納賃料を保証しなければならなくなったりする等、保証人にとって酷な事態が発生していました。

2　新法の規定内容と旧法との違い

　新法465条の2第2項では、「個人根保証契約は、……極度額を定めなければ、その効力を生じない。」としたほか、新法465条の4第1項3号で、元本確定事由の一つとして「主たる債務者又は保証人が死亡したとき。」が規定されました。

このように、個人根保証契約については、極度額が有効要件となったため、保証人が負担せざるを得ない保証債務の上限が明確に設定されることになりました。また、賃借人の死亡後に発生する債務については、保証の対象外となりました。

3　新・旧の適用判断

以上のとおり、新法では、個人の保証人を保護する改正がなされており、新法・旧法のどちらが適用されるかにより、保証の範囲が大きく異なることになります。

改正法附則21条1項においては、改正法の施行日前に締結された保証契約に係る保証債務については、従前の例による、つまり、旧法が適用されるとされています。

問題は、賃貸借契約の更新に伴って、保証契約が新たに締結されると解釈できるかですが、判例は、「期間の定めのある建物の賃貸借において、賃借人のために保証人が賃貸人との間で保証契約を締結した場合には、……保証人が更新後の賃貸借から生ずる賃借人の債務についても保証の責めを負う趣旨で合意がされたものと解するのが相当であり、保証人は、……更新後の賃貸借から生ずる賃借人の債務についても保証の責めを免れない」としています（最判平9・11・13判タ969・126）。

つまり、賃貸借契約の更新時に新たに保証契約が締結されるのではなく、当初の保証契約が、更新後に生ずる賃借人の債務についても保証する趣旨でなされたものであると解されています。この解釈は、債権法改正にかかわらず妥当するものと思われます。

したがって、新法施行日後に賃貸借契約が更新されても、保証については、新法施行日後に新たに契約が締結されるわけではないため、旧法が適用されることになります。本ケースの保証人は、引き続き、極度額等のない、広範囲の保証債務を負担することになります。

第4章　契約各論　　239

┌─── 実務の目 ───┐

　新法の施行日以後に、賃貸借契約の更新と共に保証契約が新た
に締結されたり、保証契約が更新されたりした場合には、新法が
適用されることになります。保証人の立場からは、賃貸借契約の
更新に合わせて、保証契約を締結し直すこと等を打診することも
検討すべきです。

　他方、賃貸人にとっては、上述のとおり、個人根保証は、極度
額の設定が必要不可欠であり、また、賃借人死亡後の債務が保証
されない等、必ずしも十分な保証とは言えなくなってきます。そ
のため、今後は、法人保証を選択することが有利ということにな
りそうです。

└─────────────────┘

【関連条文】

旧　法

（貸金等根保証契約の保証人の責任等）

第465条の2　一定の範囲に属する不特定の債務を主たる債務とする保証契約（以下「根保証契約」という。）であってその債務の範囲に金銭の貸渡し又は手形の割引を受けることによって負担する債務（以下「貸金等債務」という。）が含まれるもの（保証人が法人であるものを除く。以下「貸金等根保証契約」という。）の保証人は、主たる債務の元本、主たる債務に関する利息、違約金、損害賠償その他その債務に従たるすべてのもの及びその保証債務について約定された違約金又は損害賠償の額について、その全部に係る極度額を限度として、その履行をする責任を負う。

2　貸金等根保証契約は、前項に規定する極度額を定めなければ、その効力を生じない。

3　第446条第2項及び第3項の規定は、貸金等根保証契約における第1項に規定する極度額の定めについて準用する。

第4章　契約各論

新　法

（個人根保証契約の保証人の責任等）

第465条の2　一定の範囲に属する不特定の債務を主たる債務とする保証契約（以下「根保証契約」という。）であって保証人が法人でないもの（以下「個人根保証契約」という。）の保証人は、主たる債務の元本、主たる債務に関する利息、違約金、損害賠償その他その債務に従たる全てのもの及びその保証債務について約定された違約金又は損害賠償の額について、その全部に係る極度額を限度として、その履行をする責任を負う。

2　個人根保証契約は、前項に規定する極度額を定めなければ、その効力を生じない。

3　第446条第2項及び第3項の規定は、個人根保証契約における第1項に規定する極度額の定めについて準用する。

改正法附則

（保証債務に関する経過措置）

第21条　施行日前に締結された保証契約に係る保証債務については、なお従前の例による。

2・3　〔省略〕

第4章　契約各論

ケース51　賃借人による修繕費の償還請求の可否
施行日前からの賃借人によって施行日後に行われた修繕の費用償還請求の可否

　私は、新法施行日（2020年4月1日）前より、Aから部屋を賃借しているところ、新法施行日後に玄関ドアが壊れて鍵が掛からなくなりました。新法では、賃借人が修繕できるという規定が設けられたようですが、新法施行日後に、自分で修繕してしまったことは問題ないでしょうか。また、その修繕代をAに請求できますか。
　新法施行日前に締結された賃貸借について、施行日後に賃借人が行った修繕に関しては、新法と旧法どちらが適用されるのでしょうか。

回答　「旧法」が適用されます。

　改正法附則34条1項においては、改正法の施行日前に賃貸借契約が締結された場合、賃貸借契約の契約及び特約については、従前の例による、つまり、旧法が適用されるとされています。

解説

1　旧法の規定内容
　旧法においては、賃借物に修繕が必要な状態となった場合に、賃借

人はどのような要件の下で修繕を行うことができるのかを定めた規定はなく、賃貸人が修繕をする義務を負うとされ（旧法606①）、その上で、賃借人は賃借物が修繕を要するときは、遅滞なくその旨を賃貸人に通知しなければならないとされていました（法615本文）。

2 新法の規定内容と旧法との違い

前記のとおり、旧法では、賃貸人の修繕義務のみが規定されていました。これは、賃貸人は、賃貸物を使用収益が可能な状態におく義務を負うため、その具体的な現れとして賃貸人に修繕義務があることを明らかにしたものです。

一方、賃貸人が相当期間内に修繕をしない場合や、修繕の急迫の必要があるときには、賃借人も行うことができることを明らかにし、賃借人の保護を図る必要がありました。そこで、新法607条の2では、賃借物の修繕が必要な場合に、①賃借人が賃貸人に修繕が必要であることを通知し、又は賃貸人がその旨を知ったにもかかわらず、賃貸人が相当の期間内に必要な修繕をしないとき（1号）か、②急迫の事情があるとき（2号）に、賃借人に修繕する権限があることを明記しました。

3 新・旧の適用判断

改正法附則34条1項においては、改正法の施行日前に賃貸借契約が締結された場合、その契約及び特約については、従前の例による、つまり、旧法が適用されるとされています。

本ケースでは、玄関ドアの鍵が壊れたということなので、防犯上の点からすぐに修理が必要な場合といえ、急迫性が認められますので、新法607条の2第2号の場面にはなります。しかし、新法施行日前に締結した賃貸借なので、新法の適用はありません。

第4章　契約各論　　　　　　　　　　　　243

┌─────────── 実務の目 ───────────┐

　新法607条の2は、賃借人の修繕権限について、これを明示する
規定が旧法ではなかったところ、これを明文化したものです。こ
れにより、賃貸借契約において、修繕の取決めが明確でない場合
に、賃貸人と賃借人との紛争の予防解決に資することになるでし
ょう。

　前述のとおり、本ケースでは、新法の適用はありません。もっ
とも、旧法下でも、賃借人からの必要費の償還請求権は認められ
ていました（法608①）。必要費とは、賃借物の現状を維持、回復す
る費用だけでなく、賃借物を通常の用法に適する状態に保全する
費用も含むと解されています。したがって、修繕に要した費用も
必要費として償還請求し得ることとなります。また必要費は「直
ちに」償還請求し得ると規定されています。

　したがって、本ケースでは、新法の適用はありませんが、玄関
の鍵の修理という性質上、賃貸人が負担すべき費用といえます。
そして、防犯上、緊急に修理をすべき必要性は認められるので、
修繕したことについては問題ないでしょう。また、修理した鍵の
種類、機能、費用等が従前と同等であるなど相当性が認められる
場合には、必要費として償還請求し得ると解されます。よって、
その場合、本ケースでは、修繕したことは問題なく、大家である
Aに、修理代を請求することも可能であると考えられます。

└────────────────────────────┘

【関連条文】

 新 法

（賃借人による修繕）

第607条の2　賃借物の修繕が必要である場合において、次に掲げるときは、

賃借人は、その修繕をすることができる。

一　賃借人が賃貸人に修繕が必要である旨を通知し、又は賃貸人がその旨を知ったにもかかわらず、賃貸人が相当の期間内に必要な修繕をしないとき。

二　急迫の事情があるとき。

| 改正法附則 |

（贈与等に関する経過措置）

第34条　施行日前に贈与、売買、消費貸借（旧法第589条に規定する消費貸借の予約を含む。）、使用貸借、賃貸借、雇用、請負、委任、寄託又は組合の各契約が締結された場合におけるこれらの契約及びこれらの契約に付随する買戻しその他の特約については、なお従前の例による。

2・3　〔省略〕

第3節　消費貸借

ケース52　消費貸借の目的物の期限前返還
施行日前の借入金を施行日後に弁済した場合の新法適用の有無

　当社は取引先企業から、事業資金として1,200万円を、有利息で、10年間で分割弁済する条件で借りました。業績が好調で、資金に余裕もあることから、期限前に一括弁済したいと思っています。
　新法と旧法では、期限前弁済した場合にも弁済期までの利息相当額を支払う必要があるかについて、解釈が異なるそうですが、新法施行日である2020年4月1日より前に借りた借入金を、新法施行日よりも後に期限前弁済する場合、新法と旧法どちらが適用されるのでしょうか。

回答　「旧法」が適用されます。

　改正法附則34条1項においては、改正法の施行日前に消費貸借契約が締結された場合、消費貸借契約の契約及び特約については、従前の例による、つまり、旧法が適用されるとされています。

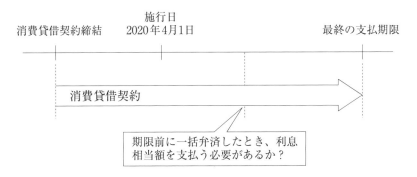

第4章 契約各論

解　説

1　旧法の規定内容

旧法591条2項では、「借主は、いつでも返還をすることができる。」と規定されていましたが、当事者間で返済期限を定めた場合にも期限前の返還ができるかは、必ずしも明らかとは言えませんでした。

もっとも、消費貸借における返還時期の定めは、通常、借主のために返還を猶予する趣旨で設定されますし、仮に期限前に返還することによって貸主に損害が生じても、損害賠償による解決が可能です。そのため、当事者間で返還時期を設けた場合でも、借主は、いつでも目的物を返還できると解釈されてきました。

その上で、借主が弁済期の前に返還した場合でも、「期限の利益は、放棄することができる。ただし、これによって相手方の利益を害することはできない。」と規定されているため（法136②）、貸主は、借主に対し、弁済期までの利息相当額を請求することができると一般的に解釈されていました。もっとも、理論上はこのように解釈されるとしても、現実の取引では、約款や契約、返済時の当事者の合意等により、期限前弁済時以降の利息について請求されないことも多くあったと思われます。

このように貸主が弁済期までの利息相当額を請求できるという解釈については、当然に請求できるのは相当ではないとの指摘がある一方で、貸主が貸付けのために支出した費用すら賄うことができないのも相当ではないとの指摘もあり、どのような制度が適切であるのか議論がなされてきました。

2　新法の規定内容と旧法との違い

以上の議論を踏まえて、新法591条2項では、「借主は、返還の時期の定めの有無にかかわらず、いつでも返還をすることができる。」と規定

第4章 契約各論 247

され、当事者間で返済期限を定めた場合にも期限前の返還ができることを明確にしました。

　そして、それに続く新法591条3項では、「当事者が返還の時期を定めた場合において、貸主は、借主がその時期の前に返還をしたことによって損害を受けたときは、借主に対し、その賠償を請求することができる。」と規定されました。

　これは、利息相当額を当然に請求できるという趣旨ではなく、貸主に現実に生じた損害について、損害賠償請求が認められるということです。期限前弁済時の貸主の損害については、個々の事案での事実認定次第ということになります。貸主が、被った損害や、期限前弁済と損害との因果関係を立証できて初めて、損害賠償請求が認められます。

　返済を受けた資金を他へ転用できることからすると、貸金業者等の場合、特段の損害は発生しないと見ることができます。実際に損害賠償が認められるのは、事業者間の高額の貸付けのように、期限前に返済を受けても再度運用することが現実的に困難で、かつ、返済期限が長期であることを考慮して利率が低く設定されている等、返済期限まで利息が支払われることへの期待が高い場合に限られると指摘されています（筒井健夫＝村松秀樹編著『一問一答・民法（債権関係）改正』300頁（商事法務、2018）等）。

3　新・旧の適用判断

　以上のとおり、旧法では、期限前弁済の場合、貸主は、借主に対し、弁済期までの利息相当額を請求できると解されてきましたが、新法では、具体的に生じた損害や因果関係が立証されて初めて損害賠償請求が可能となるとされており、新法・旧法のどちらが適用されるかにより、結論が大きく左右されることになります。

　改正法附則34条1項においては、改正法の施行日前に消費貸借契約

が締結された場合、消費貸借契約の契約及び特約については、従前の例による、つまり旧法が適用されるとされています。

したがって、本ケースの場合、旧法が適用され、民法136条2項により、弁済期までの利息相当額を支払う必要があります（ただし、前述のとおり、実務上は請求されないことも多くあったと思われます。）。

実務の目

現実の取引では、特に金融機関や貸金業者による貸付けの場合、期限前弁済がされた際の処理について、約款や契約で規定されていることが多く、旧法下でも、期限前弁済時以降の利息については請求されないことも多くありました。

このような事情に鑑みれば、改正による影響はかなり限定されたものとなると思われます。

【関連条文】

旧　法

（返還の時期）

第591条　①　〔省略〕

2　借主は、いつでも返還をすることができる。

新　法

（返還の時期）

第591条　①　〔省略〕

2　借主は、返還の時期の定めの有無にかかわらず、いつでも返還をすることができる。

3　当事者が返還の時期を定めた場合において、貸主は、借主がその時期の前に返還をしたことによって損害を受けたときは、借主に対し、その賠償を請求することができる。

第4章　契約各論　　249

| 改正法附則 |

（贈与等に関する経過措置）

第34条　施行日前に贈与、売買、消費貸借（旧法第589条に規定する消費貸借の予約を含む。）、使用貸借、賃貸借、雇用、請負、委任、寄託又は組合の各契約が締結された場合におけるこれらの契約及びこれらの契約に付随する買戻しその他の特約については、なお従前の例による。

2・3　〔省略〕

第4章 契約各論

| ケース53 | 諾成的消費貸借の解除と借主の損害賠償
義務

施行日前に締結された諾成的消費貸借契約につき、施行日後
に融資が実行される前に解除した場合の損害賠償義務の有無

　当社は、工場の生産ラインを増設するため、3億円の融資を受け
る契約を施行日前に締結しました。

　しかし、受注元の企業の都合で、当初見込んできた受注を受け
ることができなくなったため、当社も工場の設備投資を中止する
ことになりました。

　新法では、本ケースのような諾成的消費貸借において、目的物
を受け取るまでは契約の解除をすることができるとの規定がある
ようですが、一方で、その場合に貸主が損害を被った場合には、
借主が賠償義務を負うとの規定があるようです。

　当社もまだ融資を受け取っていないので、新法施行日後に、本
件融資契約を解除しようと考えていますが、新法が適用されるこ
とにより損害賠償義務を負うでしょうか。

> **回　答**　「旧法」が適用されます。

　改正法附則34条1項においては、改正法の施行日前に消費貸借契約
が締結された場合、消費貸借契約の契約及び特約については、従前の
例による、つまり、旧法が適用されるとされています。

第4章　契約各論

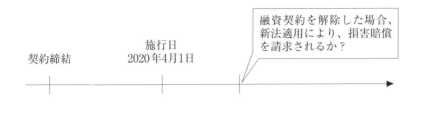

解　説

1　旧法の規定内容

　消費貸借契約は、ローマ法の時代から要物契約とされており、旧法でも諾成的消費貸借については明文規定はありませんでした。もっとも、現代社会においては、貸し借りの合意があるにもかかわらず、借主からの金銭交付請求を貸主が一方的に拒否できるとすると、融資を受けることを前提に事業を行っている借主が不測の損害を被ることになります。そこで、判例上、当事者間で合意した場合には貸主に金銭等の目的物を貸し付ける義務を負わせる諾成的消費貸借契約の成立が認められていました（最判昭48・3・16金法683・25）。

2　新法の規定内容と旧法との違い

　新法では、諾成的消費貸借契約に関する明文規定を設け、合意に書面等がある場合に限って成立を認めています（新法587の2②）。

　諾成的消費貸借契約の成立を認めた場合、契約成立後に、借主が金銭を借りる必要がなくなることもあり得ますが、その場合にも借主に借りる債務を負わせて借入れを強いるのは不合理です。

　そこで、新法では、諾成的消費貸借の借主は、金銭等の目的物の交付を受けるまでは、契約の解除をすることができるとされています（新法587の2②前段）。

　もっとも、借主による解除によって、貸主側に損害が発生する場合

には、その損害を貸主側に負わせるべきではないから、貸主から損害
賠償請求をすることができるとしています（新法587の2②後段）。

3 新・旧の適用判断

改正法附則34条1項においては、改正法の施行日前に消費貸借契約
が締結された場合、消費貸借契約の契約及び特約については、従前の
例による、つまり、旧法が適用されるとされています。

本ケースでは、新法の施行日前に諾成的消費貸借契約が締結されて
いますので、本件契約は旧法が適用されることになります。

判例上認められた諾成的消費貸借契約は、前記の通り、借主保護の
ために認められたものとされており（前掲最判昭48・3・16）、一般に借主
には借りる権利はあっても借りる義務はないから、借主が借りるのを
やめることは可能であり、その場合、特段の合意がない限り、債務不
履行等を理由として損害賠償義務は負わないと考えるのが通説的見解
です。よって、本ケースでも特に合意がない限りは賠償義務を負わな
いと考えられます。

┌─────── 実務の目 ───────┐

新法では、目的物引渡し前に借主が解除した場合、貸主は借主
に対し、損害賠償請求をすることができる旨定められています。
もっとも、これは貸主が借主による解除によって損害が生じたこ
とを主張立証できた場合に限り認められるものです。

そして、貸主が金融業者などの場合は、融資予定の資金を他の
者に貸すことによって利益を得ることができ、その他の者であっ
ても、当該資金を他に投資したり運用することによって利益を得
ることができるので、弁済期までの利息相当額等を賠償する義務
は生じない場合も多いと考えられます。実際上は、資金調達に要

第4章　契約各論　　253

　したコスト等の具体的な損害が発生し、それを貸主側が立証して
　初めて借主側に賠償義務が認められることになると考えられま
　す。

【関連条文】

新 法

（書面でする消費貸借等）

第587条の2　前条の規定にかかわらず、書面でする消費貸借は、当事者の
　一方が金銭その他の物を引き渡すことを約し、相手方がその受け取った
　物と種類、品質及び数量の同じ物をもって返還をすることを約すること
　によって、その効力を生ずる。
2　書面でする消費貸借の借主は、貸主から金銭その他の物を受け取るま
　で、契約の解除をすることができる。この場合において、貸主は、その契
　約の解除によって損害を受けたときは、借主に対し、その賠償を請求す
　ることができる。
3・4　〔省略〕

改正法附則

（贈与等に関する経過措置）

第34条　施行日前に贈与、売買、消費貸借（旧法第589条に規定する消費貸
　借の予約を含む。）、使用貸借、賃貸借、雇用、請負、委任、寄託又は組合
　の各契約が締結された場合におけるこれらの契約及びこれらの契約に付
　随する買戻しその他の特約については、なお従前の例による。
2・3　〔省略〕

第4節　使用貸借

ケース54　諾成的使用貸借の解除

施行日前に締結された諾成的使用貸借契約につき、施行日後に解除された場合の目的物引渡請求の可否

　私は、建具の製作販売を行っているところ、近隣のAから、空き家になっている平屋建物を倉庫として、無償で貸してもらえることになりました。そこで、新法施行日（2020年4月1日）前に、使用貸借の契約書も作成し、契約締結しました。ところが、新法施行日後、Aは、急に「親戚に貸すことになったから、やっぱり貸せない。」と言ってきましたが、納得できません。私は、Aに対して、倉庫の引渡しを請求できますか。施行日前に締結された使用貸借の拘束力を判断するに際しては、新法と旧法どちらが適用されるのでしょうか。

回　答　「旧法」が適用されます。

　改正法附則34条1項においては、改正法の施行日前に使用貸借契約が締結された場合、使用貸借契約の契約及び特約については、従前の例による、つまり、旧法が適用されるとされています。

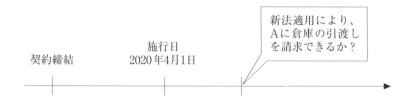

第4章　契約各論　　255

解　説

1　旧法の規定内容

使用貸借は、対価を払わないで、他人の物を借りて使用収益する契約であり、無償である点で、賃貸借とは異なります。

そして、そのために社会的経済的作用に大きな差異があるとされてきました。すなわち、使用貸借は、親族間等の情義的関係にあるもの同士でなされる恩恵的な性格を有するものが主であり、緊密な特殊関係のある者同士で成立することが多いものと考えられてきました。

そのような沿革に由来し、諾成的使用貸借を認める必要はないと考えられ、旧法593条では、使用貸借は、目的物が相手方に交付されたときに成立する要物契約とされていました。

2　新法の規定内容と旧法との違い

前記のとおり、旧法では、使用貸借は、要物契約として規定されており、原則として目的物の引渡し前における貸主の契約上の義務は認められていませんでした。

これに対し、新法593条は、使用貸借を諾成契約に改め、目的物引渡し前の使用貸借の諾成的合意に法的拘束力を与え、貸主の契約上の義務を認めました。

もっとも、これによって、安易な口約束でも契約が成立してしまうこともあるため、無償契約であるという法的性格も踏まえ、貸主には契約の拘束力を緩和して、目的物の引渡し前の解除を認めました。

ただし、それに加え、書面による契約をしていた場合はこの限りでない、すなわち解除できないとの規定も設けました（新法593の2ただし書）。これは、書面によらない贈与は、履行終了前は解除できるとした贈与の規定（新法550）と合わせたものと考えられています。

3　新・旧の適用判断

　改正法附則34条1項においては、改正法の施行日前に使用貸借契約が締結された場合、その契約及び特約については、従前の例による、つまり、旧法が適用されるとされています。

　本ケースでは、新法施行日前に合意した使用貸借なので、当事者間では、いまだ使用貸借契約は成立しておらず、貸主たるAに倉庫の引渡義務は発生していないものと認められます。したがって、Aに対して、倉庫の引渡しの請求はできないことになります。

　また、旧法下でも、当事者の合意のみで貸主に目的物を無償で貸すことを義務付ける契約をすることができると解される見解もあるところ、仮に諾成的使用貸借契約が成立していたと考えられたとしても、旧法では、「ある物を受け取ることによって、その効力を生ずる。」と規定されていることから（旧法593）、未だ契約の効力が発生していないと考えられるところです。したがって、やはり倉庫の引渡請求は難しいでしょう。

実務の目

　使用貸借は、理論的に要物契約としなければならない理由はないことから、諾成的使用貸借を有効と解してもよいとする考えもありました。そのため、諾成的使用貸借の有効性には争いがありました。

　今回の改正により、使用貸借を諾成契約と規定し、解釈上の疑義が解消されることとなり、使用貸借の活用場面が増加する可能性が考えられます。

　ところで、本ケースの場合、新法施行日後の契約であれば、契約書も作成されているので、Aによる解除は認められず、Aに対する引渡しを請求できることになります。しかし、Aが既に第三

者である親戚に引き渡してしまった場合は、第三者に対抗することができず、Aに損害賠償請求をするしかないことになるでしょう。なお、本ケースのような施行日前の場合は、契約締結上の過失を根拠に、準備のために要した費用等を損害賠償請求できる余地は考えられます。

【関連条文】

新 法

（借用物受取り前の貸主による使用貸借の解除）

第593条の2　貸主は、借主が借用物を受け取るまで、契約の解除をすることができる。ただし、書面による使用貸借については、この限りでない。

改正法附則

（贈与等に関する経過措置）

第34条　施行日前に贈与、売買、消費貸借（旧法第589条に規定する消費貸借の予約を含む。）、使用貸借、賃貸借、雇用、請負、委任、寄託又は組合の各契約が締結された場合におけるこれらの契約及びこれらの契約に付随する買戻しその他の特約については、なお従前の例による。

2・3　〔省略〕

第5節　請　負

ケース55　請負人の責任①

施行日前に請負契約を締結し、施行日後に引き渡した目的物について、不具合があることが判明した場合の請負人の責任

当社は、A社との間で、新法施行日前の2020年2月26日にシステム開発の請負契約を締結しました。A社は、新法施行日後の同年7月20日に当社にシステムを納入しました。納入から約1年が経過した2021年8月5日になって、A社が納入したシステムには不具合があり、正常に稼働しないことが判明しました。

当社とA社の請負契約書上、担保責任期間について、特別な取決めはなされていません。このような場合、A社の責任の有無及び内容については、旧法が適用されるのでしょうか、あるいは新法が適用されるのでしょうか。

回　答　「旧法」が適用されます。

改正法附則34条1項は、「施行日前に贈与、売買、消費貸借（旧法第589条に規定する消費貸借の予約を含む。）、使用貸借、賃貸借、雇用、請負、委任、寄託又は組合の各契約が締結された場合におけるこれらの契約及びこれらの契約に付随する買戻しその他の特約については、なお従前の例による」と定めていますので、請負契約の目的物の引渡し（仕事の終了）が新法の施行日後であったとしても、新法の施行日前に請負契約を締結していた場合、請負人の注文者に対する担保責任については、旧法が適用されます。

第4章 契約各論

解説

1 旧法の規定内容

完成した仕事の目的物に「瑕疵」があった場合、請負人は注文者に対し、旧法634条以下に定める担保責任を負います。具体的には、注文者は、請負人に対し、①修補請求権（旧法634①本文）、②損害賠償請求権（旧法634②前段）、③契約解除権（旧法635）を行使することができます。

そして、かかる担保責任の追及は、仕事の目的物の引渡し時（引渡しを要しない場合には仕事の終了時）から1年以内に行う必要があります（旧法637）（ただし、仕事の目的物が建物その他の土地の工作物の場合は、引渡し時から5年又は10年以内（旧法638①））。また、判例上、損害賠償請求をする場合には、具体的な損害を特定してする必要があると考えられています（最判平4・10・20民集46・7・1129）。

2 新法の規定内容と旧法との違い

新法は、売主の担保責任の規定を準用（新法559）し、請負人の担保責任に関する旧法の規定を削除するなどして整理しました。また、「瑕疵」という用語は、売買の規定と平仄を合わせ、「契約の内容に適合しない」（新法562）という表現に改められました。

完成した仕事の目的物が契約内容に適合しない場合、注文者は、請負人に対し、担保責任として、①履行追完請求権（新法562・559）、②報

酬減額請求権（新法563・559）、③損害賠償請求権（新法564・415・559）、④契約解除権（新法564・541・542・559）を行使することができます。

　そして、注文者がこれらの権利を行使するためには、仕事の目的物が契約内容に適合しないことを知った時から1年以内にその旨を請負人に「通知」することが必要となります（新法637）（ただし、かかる期間制限が適用されるのは目的物の種類又は品質に関する担保責任に限られています。数量に関する担保責任、また、請負人が契約不適合について悪意重過失である場合は期間制限が適用されず、一般の消滅時効の適用を受けることになります。）。そして、この場合の「通知」とは、旧法の規律とは異なり、旧商法526条2項の「通知」と同様に解釈するものと考えられており、契約不適合の種類とその大体の範囲を通知すれば足りることになります（大判大11・4・1民集1・155）。

　よって、本ケースの場合、A社が貴社にシステムを納入した日（目的物の引渡し時）からは1年以上が経過していますので、もし、新法の適用を受けるということであれば、貴社は、システムの不具合を知った時から1年以内に、A社にその旨を通知することにより担保責任を追及することが可能です。しかし、旧法の適用を受けるということであれば、たとえ貴社がシステムの不具合を知らなかったとしても、貴社は、A社に対し、旧法634条以下の担保責任を追及することができません。

3　新・旧の適用判断

　契約については、賃貸借に関する一部の例外（改正法附則34③）を除き、契約締結時が基準とされ（改正法附則34①）、新法施行日前に契約が締結された場合には旧法を適用し、新法施行日後に契約が締結された場合には新法を適用します。これは契約当事者の予測を害さないためです。

第4章　契約各論　　261

　したがって、本ケースの場合、仕事の目的物の引渡しが新法の施行日後であったとしても、貴社とＡ社との間で請負契約が締結されたのは新法の施行日前であることから、旧法が適用されることになります。その結果、旧法637条に定める期間制限により、貴社は、Ａ社に対して、担保責任を追及することができません。

> ## 実務の目
>
> 　担保責任は、重要改正項目の一つです。法律相談を受けたときや、契約書を作成する際には、旧法と新法の要件、効果（救済手段）、期間制限等の違いに注意する必要があります。
>
> 　また、請負人の担保責任については、新法上、請負（新法第3編第2章第9節）の規定には、担保責任を制限する例外的な規定（新法636）と期間制限（新法637）のみしか存在せず、その基本的内容については、新法559条で準用される売買の規定を確認する必要があることにも留意してください。

【関連条文】

旧　法

（請負人の担保責任の存続期間）

第637条　前3条の規定による瑕疵の修補又は損害賠償の請求及び契約の解除は、仕事の目的物を引き渡した時から1年以内にしなければならない。

2　仕事の目的物の引渡しを要しない場合には、前項の期間は、仕事が終了した時から起算する。

新　法

（目的物の種類又は品質に関する担保責任の期間の制限）

第637条　前条本文に規定する場合において、注文者がその不適合を知った

時から1年以内にその旨を請負人に通知しないときは、注文者は、その不適合を理由として、履行の追完の請求、報酬の減額の請求、損害賠償の請求及び契約の解除をすることができない。

2 〔省略〕

改正法附則

（贈与等に関する経過措置）

第34条 施行日前に贈与、売買、消費貸借（旧法第589条に規定する消費貸借の予約を含む。）、使用貸借、賃貸借、雇用、請負、委任、寄託又は組合の各契約が締結された場合におけるこれらの契約及びこれらの契約に付随する買戻しその他の特約については、なお従前の例による。

2・3 〔省略〕

第4章　契約各論　263

ケース56　請負人の責任②

施行日前に請負契約を締結し、施行日後に追加・変更工事契約を締結した場合の請負人の責任

　私は、新法施行日前の2020年2月10日、工務店Aとの間で、自宅の建築請負契約を代金4,500万円で締結しました。その後、工事内容について検討を進めた結果、音響設備を施した音楽室を、母屋とは別の離れとして施工するため追加工事を要することになりました。そこで、私とAは、新法施行日後の同年4月5日、追加工事契約を代金1,500万円で締結しました。その約6か月後、Aから自宅の引渡しを受けたところ、その直後に音楽室の天井の一部に不具合が存在することが判明しました。Aに対して不具合部分を修補するよう何度も求めましたが、Aは修補に応じません。私はAに対し、新法を適用して、報酬の減額を請求することは可能なのでしょうか。

回答　「新法」が適用されると考えられます。

　改正法附則34条1項は、「施行日前に贈与、売買、消費貸借（旧法第589条に規定する消費貸借を含む。）、使用貸借、賃貸借、雇用、請負、委任、寄託又は組合の各契約が締結された場合におけるこれらの契約及びこれらの契約に付随する買戻しその他の特約については、なお従前の例による」と定めています。本ケースの追加工事は、新法施行日前に締結された当初の請負契約とは別個の請負契約に基づく工事と考えられます。よって、同工事部分の不具合について担保責任を追及する場合には、新法が適用され、報酬減額請求をすることができます。

解　説

1　旧法の規定内容

完成した仕事の目的物に「瑕疵」があった場合、請負人は注文者に対し、旧法634条以下に定める担保責任を負います。具体的には、注文者は、請負人に対し、①修補請求権（旧法634①本文）、②損害賠償請求権（旧法634②前段）、③契約解除権（旧法635）を行使することができます。

2　新法の規定内容と旧法との違い

新法は、売主の担保責任の規定を準用（新法559）し、請負人の担保責任に関する旧法の規定を削除するなどして整理しました。また、「瑕疵」という用語は、売買の規定と平仄を合わせ、「契約の内容に適合しない」（新法562）という表現に改められました。

完成した仕事の目的物が契約内容に適合しない場合、注文者は、請負人に対し、担保責任として、①履行追完請求権（新法562・559）、②報酬減額請求権（新法563・559）、③損害賠償請求権（新法564・415・559）、④契約解除権（新法564・541・542・559）を行使することができます。このうち、②の報酬減額請求権（売買契約においては「代金減額請求権」）は、有償契約における給付均衡の要請から、新たに設けられた規律です。

よって、本ケースの場合、新法の適用を受けるということであれば、Aの帰責事由にかかわらず、不具合の修補に応じないAに対して、報酬の減額を請求することができます。

第4章　契約各論　　265

3　新・旧の適用判断

　契約については、賃貸借に関する一部の例外（改正法附則34③）を除き、契約締結時が基準とされ（改正法附則34①）、新法施行日前に契約が締結された場合には旧法を適用し、新法施行日後に契約が締結された場合には新法を適用します。これは契約当事者の予測を害さないためです。

　本ケースについては、離れとして、音響設備を施した音楽室を建築するという追加工事の実質的内容や、追加工事について別の契約書が作成されたという事情を考慮した場合には、当初の請負契約とは別個の請負契約を締結したと考えることができます。当初の請負契約が締結されたのは新法の施行日前ですが、音楽室の追加工事契約を締結したのは新法の施行日後であることから、追加工事契約の締結時を基準として、新法が適用されることになります。その結果、Aに対して、Aの帰責事由を問わず、報酬の減額を請求することができます。

　もっとも、本ケースとは異なり、追加・変更工事を施工すること自体については合意が存在していたものの、契約書等が作成されておらず、当初の本工事と独立した追加・変更工事であることについて認定が困難なケースについては、本工事契約が締結された時を基準として、新法・旧法適用の判断をすることになると考えられます。

┌─────────── 実務の目 ───────────┐

　新法下において、報酬（代金）減額請求が行使された場合、目的物の契約不適合の程度に応じて報酬（代金）を減額することになります。この場合、例えば、売買契約で目的物に数量不足が存在した場合などについては、減額分を認定するのにさほどの困難は生じません。他方、目的物の品質、色、質感など、数量で換算することができない契約不適合があった場合、何を基準に、どの

程度の減額を認定するのかについて争いが生じ、実務上の課題に
なるものと思われます。

　担保責任については、注文者の立場であっても、請負人の立場
であっても、履行追完請求権の内容、代金減額請求権の行使要件
や期間制限等について、ニーズに即して契約書の内容を工夫する
ことが求められます。

　また、建築請負契約の追加工事については、当該追加・変更工
事が、当初の本工事と独立した追加・変更工事といえるのかどう
か、本工事の報酬とは別途の報酬を支払う必要があるのかどうか
について争いが生じることが少なくありません。紛争を回避する
ため、契約書、見積書や打合せ記録等を作成、保管する重要性は、
新法下においても変わりません。

【関連条文】

新　法

（買主の代金減額請求権）

第563条　前条第1項本文に規定する場合において、買主が相当の期間を定
　めて履行の追完の催告をし、その期間内に履行の追完がないときは、買
　主は、その不適合の程度に応じて代金の減額を請求することができる。

2　前項の規定にかかわらず、次に掲げる場合には、買主は、同項の催告を
　することなく、直ちに代金の減額を請求することができる。

　一　履行の追完が不能であるとき。

　二　売主が履行の追完を拒絶する意思を明確に表示したとき。

　三　契約の性質又は当事者の意思表示により、特定の日時又は一定の期
　　間内に履行をしなければ契約をした目的を達することができない場合
　　において、売主が履行の追完をしないでその時期を経過したとき。

　四　前3号に掲げる場合のほか、買主が前項の催告をしても履行の追完を
　　受ける見込みがないことが明らかであるとき。

3　〔省略〕

第4章　契約各論　　267

| 改正法附則 |

（贈与等に関する経過措置）

第34条　施行日前に贈与、売買、消費貸借（旧法第589条に規定する消費貸借の予約を含む。）、使用貸借、賃貸借、雇用、請負、委任、寄託又は組合の各契約が締結された場合におけるこれらの契約及びこれらの契約に付随する買戻しその他の特約については、なお従前の例による。

2・3　〔省略〕

第6節　委　任

ケース57　受任者の報酬請求

委任契約が自動更新された場合の新法と旧法の適用関係、受任者に帰責事由があった場合の報酬請求権

　当社は、A社との間で新法施行日前の2019年4月15日、当社の新規事業の立ち上げにかかるコンサルティング契約（報酬額：1,500万円）を締結しました。この契約の有効期間は2020年4月14日までの1年間とされ、期間満了日の3か月前に双方から特段の申し出のない限りは、自動的に1年間延長される旨のいわゆる自動更新条項が置かれています。

　その後、当社とA社が、共に契約継続を積極的に望んだため、新法施行日後の2020年4月15日、このコンサルティング契約は、更に1年間自動更新されました。

　しかし、契約更新後の2020年6月、A社に深刻な不祥事が発覚したことを機に、A社は急遽、コンサルティング業務から完全に撤退せざるを得ず、当社とA社の契約は期間満了前に終了することになりました。

　コンサルティング業務の履行を途中で終了することになったA社は、当社に対し、1,500万円の報酬のうち、契約終了までの業務に相当する部分についての報酬の請求を検討しているようですが、当社としては、契約が途中で終了に至ったのはA社の責任であると考えており、A社に報酬を支払いたくありません。このような場合、A社の報酬請求権については、旧法が適用されるのでしょうか、あるいは新法が適用されるのでしょうか。

第 4 章　契約各論

> 回　答　「新法」が適用されると考えられます。

　改正法附則34条1項は、「施行日前に贈与、売買、消費貸借（旧法第589条に規定する消費貸借の予約を含む。）、使用貸借、賃貸借、雇用、請負、委任、寄託又は組合の各契約が締結された場合におけるこれらの契約及びこれらの契約に付随する買戻しその他の特約については、なお従前の例による」と定めています。本ケースの場合、新法施行日後に、契約が自動更新されていますので、契約更新について当事者の合意があったものとして解釈される余地が大きいと考えます。

　したがって、A社の帰責事由によって委任事務の履行が途中で終了したとしても、A社は、貴社に対し、既にした履行の割合に基づき報酬を請求することができます。

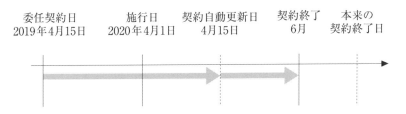

解　説

1　旧法の規定内容

　受任者は、特約がなければ報酬を請求することができず（旧法648①）、また、委任事務を履行した後にしか報酬を請求することができません（旧法648②）。委任事務が履行途中で終了したときの規律については、「受任者の責めに帰することができない事由」による場合、既にした履行の割合に応じて報酬の請求ができる旨を定めています（旧法648③）。すなわち、受任者に帰責事由がある場合には、履行の割合に応じた報酬を請求することはできません。

2 新法の規定内容と旧法との違い

新法は、受任者の報酬請求権について、旧法648条1項と2項の規定を維持するとともに、既にした履行の割合に応じて報酬請求できる場合を規律しました（新法648③）。受任者に帰責事由があったとしても、委任契約の一部が履行されたのであれば、その部分について報酬請求を認めることに合理性があるからです。

まず、新法648条3項1号は、委任者の責めに帰することができない事由により委任事務の履行をすることができなくなった場合、すなわち委任事務の履行が不能になったときの割合的報酬を定めています。これにより、受任者は、当事者双方に帰責事由がない場合はもちろん、受任者に帰責事由がある場合についても、履行の割合に応じて報酬を請求することができます（なお、委任者に帰責事由がある場合は、危険負担の規定（新法536②）が適用され、委任事務の履行が未了の部分も含む報酬全額を請求することが可能です。）。また、新法648条3項2号は「委任が履行の中途で終了したとき」にも、例えば、委任契約が解除された場合についても、割合的報酬が請求できる旨を定めています。

3 新・旧の適用判断

契約については、賃貸借に関する一部の例外（改正法附則34③）を除き、契約締結時が基準とされ（改正法附則34①）、新法施行日前に契約が締結された場合には旧法を適用し、新法施行日後に契約が締結された場合は新法を適用します。本ケースは、新法の施行日前に締結した契約が施行日後に更新されていることから、更新後の契約について、新法と旧法のいずれが適用されるのかについて問題となります。

まず、当事者間の合意によって契約が更新された場合は、法律の規定に基づき契約が更新される場合（借地借家26など）と異なり、契約の更新を合意した時点において、新法適用への期待が認められます。そ

こで、更新後の契約については、新法が適用されると考えることができます。もっとも、当事者の合理的意思解釈として、特に当事者が旧法を前提としているのならば、旧法適用の余地も解釈論としては可能でしょう。

　他方、本ケースのように、自動更新条項により契約が更新された場合については、その解釈について様々な見解があります。契約期間の満了までに契約を終了させないという不作為があることをもって更新の合意があったという解釈によれば（筒井健夫＝村松秀樹編著『一問一答・民法（債権関係）改正』384頁（商事法務、2018））、更新後の契約については新法が適用されることになります。ただし、例えば、大きな利害変更が生じる場合にまで、当事者の不作為をもって更新の合意があったと評価してよいかどうか疑問はあります。

　本ケースについては、貴社とA社が契約継続を積極的に望んだ事情もありますので、更新後の契約については新法を適用するのが相当と考えられます。その結果、A社は、その委任事務の履行不能につき帰責事由があったとしても、新法648条3項1号に基づき、貴社に対し、既にした委任事務の履行の割合に応じた報酬を請求することが可能です。

実務の目

　契約が合意更新された場合や自動更新された場合の新法旧法の適用関係、さらには、基本契約が新法施行日前に成立し、個別契約が新法施行日後に成立した場合の新法旧法の適用関係については、改正法附則から直ちに明らかにはなりません。そのため、関連する契約が新法施行の前後にまたがる可能性がある場合には、紛争予防の観点から、解釈の変更がある部分については旧法を前提

として明文化したり、覚書を取り交わしたり、既存の契約を見直すなどの対応をとるのが望ましいと思われます。

【関連条文】

旧　法

（受任者の報酬）

第648条　受任者は、特約がなければ、委任者に対して報酬を請求することができない。

2　受任者は、報酬を受けるべき場合には、委任事務を履行した後でなければ、これを請求することができない。ただし、期間によって報酬を定めたときは、第624条第2項の規定を準用する。

3　委任が受任者の責めに帰することができない事由によって履行の中途で終了したときは、受任者は、既にした履行の割合に応じて報酬を請求することができる。

新　法

（受任者の報酬）

第648条　①・2　〔省略〕

3　受任者は、次に掲げる場合には、既にした履行の割合に応じて報酬を請求することができる。

一　委任者の責めに帰することができない事由によって委任事務の履行をすることができなくなったとき。

二　委任が履行の中途で終了したとき。

改正法附則

（贈与等に関する経過措置）

第34条　施行日前に贈与、売買、消費貸借（旧法第589条に規定する消費貸借の予約を含む。）、使用貸借、賃貸借、雇用、請負、委任、寄託又は組合の各契約が締結された場合におけるこれらの契約及びこれらの契約に付随する買戻しその他の特約については、なお従前の例による。

2・3　〔省略〕

第4章　契約各論　　273

第7節　雇　用

ケース58　雇用契約の更新

施行日前に締結した期間の定めのある雇用契約が、施行日後
に更新された場合について、更新後の雇用契約に適用される
法律

　私は、運送会社A社に1年間の契約社員として勤務し、契約の更
新を繰り返しています。給与は月給制です。新法施行日前の2019
年7月1日に契約更新し、新法施行日後の2020年6月30日が期間満
了日だったのですが、A社からは特に何も言われず、同年7月1日
以降も、それまでと同じように勤務しています。

　2020年8月24日から同月28日まで、私自身は参加しませんでし
たが、A社の従業員によるストライキが原因で、私は業務に従事
できませんでした。私は、ストライキに入るまでの8月分の報酬
をA社に請求することができるのでしょうか。請求できる場合、
旧法と新法のどちらの適用を受けるのでしょうか。

> **回　答**　「新法」が適用されます。

　期間の定めのある雇用契約が、新法施行日後に民法629条1項によっ
て更新された場合、更新後の雇用契約には新法が適用されます。あな
たは、新法624条の2第1号に基づき、2020年8月24日にストライキに入
るまでの労働に対する報酬をA社に請求することができます。

契約更新	新法施行日	契約更新	ストライキ
2019年7月1日	2020年4月1日	7月1日	8月24日〜8月28日

解　説

1　旧法の規定内容

　民法624条は、労働者が報酬を請求できるのは、約束した労務の履行終了後であると定めています。しかし、労働者が使用者の責めに帰することができない事由により労務の履行ができなくなった場合の報酬請求権については、明文規定がありませんでした。そこで、実務においては、旧法536条2項を適用して、労働者が既に履行した労務の割合に応じた報酬請求権を認めていました。

2　新法の規定内容と旧法との違い

　新法624条の2は、使用者の責めに帰することができない事由によって労務の提供ができなかった場合（1号）と、雇用が中途で終了した場合（2号）について、労働者が既にした履行の割合に応じて報酬を請求することができる旨を定めました。これは従来の取扱いを明文化したものであり、実務に大きな影響は生じないと考えられます。なお、本ケースのようにストライキが原因で業務に従事できなかった場合について、判例は、特別な事情がない限り、「債権者ノ責ニ帰スヘキ事由」に当たらないとしています（最判昭62・7・17・民集41・5・1350）。

3　新・旧の適用判断

　旧法下において締結された契約が、新法施行日後に更新された場合、新法と旧法のいずれを適用するのかが問題となります。この点については、当事者の合意によって契約が更新される場合には新法が適用され、当事者の意思に基づかない法定更新（借地借家26など）の場合には、更新の時点で当事者に新法適用への期待があるとも言い難いことから、更新後も旧法が適用されると考えられています（筒井健夫＝村松秀樹編著『一問一答・民法（債権関係）改正』384頁（商事法務、2018））。

本ケースは、契約期間が満了した後も引き続き業務に従事し、A社も異議を述べていませんので、民法629条1項により同一の条件で雇用されたものと推定されます。そして、民法629条1項は、民法619条1項と同様、当事者間の黙示の合意を根拠としており、当事者に新法適用への期待があるともいえることから、更新後の契約には新法が適用されるものと考えられます（筒井＝村松編著・前掲384頁）。その結果、あなたには、新法624条の2第1号に基づき、業務に従事した2020年8月23日までの割合に応じた報酬請求権が認められます。

実務の目

　本ケースにおいて、民法629条1項により契約を更新されたのではなく、労働契約法19条の適用により契約更新された場合、旧法と新法の適用関係に違いが生じることに留意する必要があります。

　すなわち、労働契約法19条は、使用者が労働者の有期労働契約の申込みを承諾したものとみなす法定更新の規定です。当事者の意思に基づくものではなく、契約更新の時点で当事者間に新法適用への期待があるとも言い難いことから、更新後の雇用契約には旧法が適用されると考えられています（筒井＝村松編著・前掲384頁）。もっとも、当事者の意思が判断基準になるのであれば、労働者が、労働契約法19条に基づき申込みをしたのに対し、使用者がむしろ積極的に承諾した場合や、あるいは使用者が申込みを拒絶することなく、労働者が業務を継続した場合には、当事者間に明示又は黙示の合意が存在すると考えられますので、旧法ではなく、新法を適用するのが相当でしょう。

276　　　第4章　契約各論

【関連条文】

新法

（履行の割合に応じた報酬）

第624条の2　労働者は、次に掲げる場合には、既にした履行の割合に応じて報酬を請求することができる。

一　使用者の責めに帰することができない事由によって労働に従事することができなくなったとき。

二　雇用が履行の中途で終了したとき。

○労働契約法

（有期労働契約の更新等）

第19条　有期労働契約であって次の各号のいずれかに該当するものの契約期間が満了する日までの間に労働者が当該有期労働契約の更新の申込みをした場合又は当該契約期間の満了後遅滞なく有期労働契約の締結の申込みをした場合であって、使用者が当該申込みを拒絶することが、客観的に合理的な理由を欠き、社会通念上相当であると認められないときは、使用者は、従前の有期労働契約の内容である労働条件と同一の労働条件で当該申込みを承諾したものとみなす。

一　当該有期労働契約が過去に反復して更新されたことがあるものであって、その契約期間の満了時に当該有期労働契約を更新しないことにより当該有期労働契約を終了させることが、期間の定めのない労働契約を締結している労働者に解雇の意思表示をすることにより当該期間の定めのない労働契約を終了させることと社会通念上同視できると認められること。

二　当該労働者において当該有期労働契約の契約期間の満了時に当該有期労働契約が更新されるものと期待することについて合理的な理由があるものであると認められること。

第 4 章　契約各論

ケース59　期間の定めのない雇用契約と消滅時効の起算点

施行日前に締結された期間の定めのない雇用契約について、施行日後に生じた安全配慮義務違反による損害賠償請求権の消滅時効

　私の友人Aは、大学を卒業して2017年4月1日、B社に入社しました。Aは、入社4年目となる新法施行日後の2020年6月1日付けで商品開発部に異動しました。異動後間もなくして、私はAから、Aの上司Cからハラスメントを受けていると打ち明けられました。その後も、AはB社で勤務を続け、同社の相談窓口に上司Cのハラスメントを訴えたようなのですが、B社は業務指導の範囲内として何の対応もしなかったようです。異動から約1年半後、Aは重度のうつ病に罹患し、自殺してしまいました。上司CのAに対する態度は、人格否定や私生活への干渉、時には暴力を伴った可能性があります。今後、Aの遺族がB社に対して安全配慮義務違反に基づく損害賠償を請求する場合、消滅時効の期間は旧法が適用されるのでしょうか、新法が適用されるのでしょうか。

| 回　答 | 「旧法」が適用されます。 |

　B社の安全配慮義務違反に基づく損害賠償請求権が新法施行日後に生じたとしても、その原因となる期間の定めのない雇用契約は新法施行日前に締結されていますので、改正法附則10条4項・1項により消滅時効については旧法が適用されます。

解　説

1　旧法の規定内容

　安全配慮義務違反に基づく損害賠償請求権（旧法415）の消滅時効の期間は、権利を行使することができる時から10年です（旧法166①・167①）。

2　新法の規定内容と旧法との違い

　新法は、消滅時効の期間について、原則として、主観的起算点から5年、客観的起算点から10年と定めるとともに（新法166①）、人の生命又は身体の侵害による損害賠償請求権については、客観的起算点から20年と定めました（新法167）。したがって、安全配慮義務違反により人の生命又は身体の侵害が生じた場合の損害賠償請求権には新法167条が適用され、消滅時効の期間は、主観的起算点から5年、客観的起算点から20年となります。

3　新・旧の適用判断

　改正法附則10条4項は、「施行日前に債権が生じた」場合、その債権の消滅時効の期間は「従前の例による」と定めています。そして、同条1項により、「施行日前に債権が生じた」場合とは、「施行日以後に債権が生じた場合であって、その原因である法律行為が施行日前にされたときを含む」と定義されています。よって、安全配慮義務違反に基づく損害賠償請求権が新法施行日後に生じたとしても、その原因であ

第4章　契約各論　　279

る期間の定めのない雇用契約が新法施行日前に締結されていれば、消
滅時効の期間は旧法の適用を受けることになります。

┌─────── 実務の目 ───────┐

　期間の定めのない雇用契約が新法施行日前に締結されている場
合、本ケースのような安全配慮義務違反に基づく損害賠償請求権
のほか、賃金請求権の消滅時効の期間についても、改正法附則10
条4項・1項により旧法の適用を受けることになります。なお、賃
金等の請求権について消滅時効を定めた労働基準法115条は、厚
生労働省の労働政策審議会労働条件分科会で見直しの要否が検討
されているところ、2019年9月末日現在、結論は出ていません。

└──────────────────────┘

【関連条文】

旧　法

（消滅時効の進行等）

第166条　消滅時効は、権利を行使することができる時から進行する。

2　〔省略〕

（債権等の消滅時効）

第167条　債権は、10年間行使しないときは、消滅する。

2　〔省略〕

新　法

（債権等の消滅時効）

第166条　債権は、次に掲げる場合には、時効によって消滅する。

　一　債権者が権利を行使することができることを知った時から5年間行
　　使しないとき。

　二　権利を行使することができる時から10年間行使しないとき。

2・3　〔省略〕

280　　　　　　　　　第4章　契約各論

（人の生命又は身体の侵害による損害賠償請求権の消滅時効）
第167条　人の生命又は身体の侵害による損害賠償請求権の消滅時効につ
　　いての前条第1項第2号の規定の適用については、同号中「10年間」とある
　　のは、「20年間」とする。

改正法附則

（時効に関する経過措置）
第10条　施行日前に債権が生じた場合（施行日以後に債権が生じた場合で
　　あって、その原因である法律行為が施行日前にされたときを含む。以下
　　同じ。）におけるその債権の消滅時効の援用については、新法第145条の
　　規定にかかわらず、なお従前の例による。
2・3　〔省略〕
4　施行日前に債権が生じた場合におけるその債権の消滅時効の期間につ
　　いては、なお従前の例による。

〇労働基準法
（時効）
第115条　この法律の規定による賃金（退職手当を除く。）、災害補償その他
　　の請求権は2年間、この法律の規定による退職手当の請求権は5年間行わ
　　ない場合においては、時効によつて消滅する。

ケース別
債権法 新・旧規定適用判断のポイント

令和元年11月7日　初版一刷発行
令和2年2月27日　　二刷発行

編　集　愛　知　県　弁　護　士　会
　　　　研　修　セ　ン　タ　ー　運　営　委　員　会
　　　　法律研究部 改正債権法・新旧適用検討チーム
発行者　新　日　本　法　規　出　版　株　式　会　社
　　　　代表者　星　　　謙　一　郎

発 行 所　新　日　本　法　規　出　版　株　式　会　社
本　　社　（460-8455）　名古屋市中区栄1－23－20
総轄本部　　　　　　　　電話　代表　052(211)1525
東京本社　（162-8407）　東京都新宿区市谷砂土原町2－6
　　　　　　　　　　　　電話　代表　03(3269)2220
支　　社　札幌・仙台・東京・関東・名古屋・大阪・広島
　　　　　高松・福岡
ホームページ　https://www.sn-hoki.co.jp/

※本書の無断転載・複製は、著作権法上の例外を除き禁じられています。
※落丁・乱丁本はお取替えします。　　　　ISBN978-4-7882-8633-7
5100092　債権適用判断　　　　Ⓒ愛知県弁護士会 2019 Printed in Japan